Manfred Mai   Iris Wolfermann

Erzähl mal, wie es früher war

Geschichten über das Leben früher und heute

Ravensburger Buchverlag

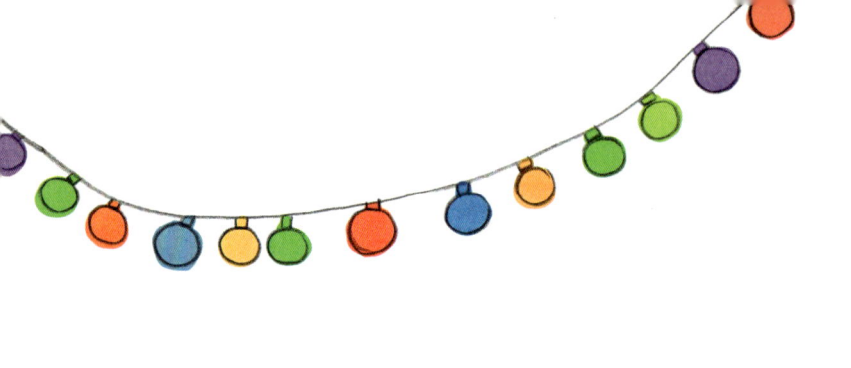

Inhaltsverzeichnis

Zu Gast bei Familie Berger | 6

Ein Marmeladenbrot zum Geburtstag | 10
Der schönste Geburtstag

Kein eigenes Bett | 14
Die gute Stube

Ein langer Weg zur Schule | 18
Ohne Gangschaltung

Moderner Haushalt | 22
Maschinen für alles

Im Schulmuseum | 26
Schlimme Strafen

Auf dem Bauernhof | 30
Ein richtiger Junge

Eine Straße zum Spielen | 34
Telefon und Handy

Verkleiden macht Spaß | 38
Lederhosen und Jeans

Heilkräfte aus der Natur | 42
Großes Glück

Ein Ferkel im Bett | 46
Was für ein Haustier?

Langeweile | 50
Farbige Bilder

Urlaubserinnerungen | 54
Einfach Urlaub

So viel Werbung | 58
Was darf's denn sein?

Neue Nachbarn | 62
Viele Helfer

Unser Weihnachtsbaum | 66
Eine schöne Erinnerung

Wer hätte das gedacht? | 70

Zu Gast bei Familie Berger

Papa, Mama, Alexander und Lena, das ergibt zusammen die Familie Berger, die in der süddeutschen Kleinstadt Burgbach lebt. Nur wenige Straßen entfernt wohnen Oma Lisbeth und Opa Werner, die auch zur Familie gehören.

Lena wird demnächst acht und ist die Jüngste in der Familie. Das ist manchmal ziemlich nervig, findet sie. Denn oft heißt es: „Dafür bist du noch zu klein." Dann wäre Lena am liebsten so groß wie eine Riesin. Wenn Papa sie aber knuddelt und sagt: „Du bist mein liebes kleines Knuddelmäuschen", möchte Lena am liebsten für immer und ewig so klein bleiben, damit sie mit Papa kuscheln kann.

Lena ist ein neugieriges Mädchen. Sie fragt ihren Eltern und Großeltern manchmal „Löcher in den Bauch". Das sagen die Großen jedenfalls. Doch Lena weiß, dass das nicht stimmt. Sie hat nämlich bei Mama und Papa nachgeschaut, aber nur ihre Bauchnabel gesehen. Und die kommen nicht vom Fragen! Lena geht in die zweite Klasse. Sie sitzt neben ihrer besten Freundin Sophie. In ihrer Freizeit liest sie gern. Zweimal in der Woche geht sie mit Sophie zum Tennistraining und einmal hat sie Flötenunterricht. Den findet sie nicht so gut, aber Mama meint, Kinder sollten lernen, ein Instrument zu spielen.

Alexander ist drei Jahre älter als Lena. Manchmal findet er seine Schwester ziemlich blöd; manchmal ärgert er sie auch, wie die meisten großen Brüder. Dann wird Lena fuchsteufelswild, wie die meisten kleinen Schwestern.

Alexander sitzt lieber vor dem Computer als hinter Büchern. Und er spielt gern Fußball. Bis vor einem Jahr hat Mama auch ihn zum Flötenunterricht geschickt. Aber er hat so lange gequengelt, bis sie schließlich aufgab. Alexander geht in die fünfte Klasse. Er sei mit den Gedanken leider oft nicht bei der Sache, sagt seine Lehrerin. Das stimmt aber nur, wenn ihn etwas nicht interessiert. Wenn er etwas spannend findet, ist er hellwach. Deswegen kennt er sich zum Beispiel mit dem Computer viel besser aus als seine Eltern.

Mama ist 43 und arbeitet halbtags in der Bibliothek. Sie mag ihre Arbeit, auch wenn es nicht immer einfach ist, Beruf, Kinder und Haushalt unter einen Hut zu bringen. Zum Glück wohnen ihre Eltern nur ein paar Straßen weiter und helfen gern, wenn sie gebraucht werden.

Mama liest gern, kommt aber an manchen Tagen nicht dazu. Dann nimmt sie das Buch abends mit ins Bett. Doch nach zwei, drei Seiten fallen ihr meistens die Augen zu.

Papa ist ein Jahr älter als Mama, aber bei Erwachsenen ist das egal, meint Lena. Papa macht sich darüber keine Gedanken. „Man ist so alt, wie man sich fühlt", sagt er. Und er fühlt sich meistens jünger als er ist. Er arbeitet bei einer Krankenkasse und nur, wenn er Überstunden machen oder sich in immer neue Vorschriften einarbeiten muss, fühlt er sich älter.

Mama und Papa sind sehr sportlich. Beide spielen Tennis, manchmal auch miteinander. Dann sagt Papa, was Mama anders machen soll, damit sie besser wird. Das mag Mama nicht. Sie will einfach nur spielen, weil es ihr Spaß macht. Das kann Papa nicht verstehen. Er will immer besser werden. Auch wenn er Rad fährt oder joggen geht. Sein Ziel ist es, jedes Mal ein bisschen schneller zu werden.

Opa Werner ist 74 Jahre alt, obwohl man das manchmal kaum glauben kann. Er spielt besser Tennis als viele Vierzigjährige – und besser als sein Schwiegersohn, was diesen richtig wurmt. Früher war er ein guter Fußballer und er kickt noch heute jede Woche einmal mit seinen alten Kumpels. Von Zeit zu Zeit kommt er humpelnd nach Hause. „Je älter, desto dümmer", sagt seine Frau Lisbeth dann und schüttelt den Kopf.

Oma Lisbeth ist ein Jahr jünger als Opa und nicht so sportlich wie er. Dafür hat sie „eine künstlerische Ader", wie Opa das nennt. Seit sie in Rente ist, malt sie gern. Ihre Bilder waren sogar schon im Rathaus ausgestellt. Oma arbeitet auch seit vielen Jahren im Heimatmuseum mit, weil sie es für wichtig hält, Gegenstände und Wissen aus früheren Zeiten aufzubewahren und weiterzugeben. Sie kann die besten Kuchen der ganzen Welt backen. Davon sind Lena und Alexander überzeugt.

Ein Marmeladenbrot zum Geburtstag

Heute ist ein ganz besonderer Tag bei Familie Berger: Lena feiert ihren achten Geburtstag. Natürlich sind auch Oma Lisbeth und Opa Werner eingeladen. Lena bekommt viele Geschenke. Als sie alle ausgepackt hat, bemerkt sie, dass Oma Lisbeth leicht den Kopf schüttelt.

„Was ist, Oma?", fragt Lena.
„Ach, nichts. Ich musste nur gerade an meinen achten Geburtstag im Jahr 1945 denken."
„Erzähl mal", bittet Lena.
„Muss das sein?", fragt Alexander.
„Ja", antwortet Lena. „Weil ich heute Geburtstag habe, darf ich mir das wünschen." Sie zieht ihre Oma zum Sofa und schaut sie erwartungsvoll an.

Flucht

1945

Oma Lisbeth überlegt, wo sie beginnen soll. „Weißt du, mein Schatz, damals war noch Krieg. Das war eine schlimme Zeit. Wir mussten unseren Hof in Allenstein verlassen. Ich durfte nur eine Puppe mitnehmen, sonst keine Spielsachen. Und was noch schlimmer war, ich musste meinen kleinen Hund Flecki dort lassen. Deswegen war ich sehr traurig und habe viel geweint. Meine beiden großen Brüder waren etwa so alt wie Alexander jetzt. Sie mussten einen Handwagen ziehen. Auf ihm lag alles, was wir noch besaßen. Meine kleine Schwester und ich saßen im Kinderwagen, den meine Mutter schob. Erst nach einigen Wochen hatten wir Glück und durften in einem Zug mitfahren. Am Ende der Fahrt wurden wir mit vielen anderen Flüchtlingen in Holzhütten untergebracht und bekamen vom Roten Kreuz warmes Essen. Aber es reichte nie, um alle satt zu kriegen. Wir hatten immer Hunger."
Opa Werner nickt. „Ja, der Hunger war schlimm, sehr schlimm. Wir hatten einmal zwei Tage nichts zu essen. Da hat meine Mutter mir ein Stück Schnur gegeben ..."
„Zum Essen?", fragt Alexander erstaunt.
„Nein, nicht zum Essen", antwortet Opa. „Einfach, damit ich etwas zum Kauen hatte."
„Aber davon bist du doch nicht satt geworden", sagt Alexander.
„Natürlich nicht. Aber meine Mutter wusste sich keinen anderen Rat mehr."

Der zweite Weltkrieg

Der Zweite Weltkrieg begann am 1. September 1939, als Deutschland Polen angriff. Nach und nach beteiligten sich immer mehr Länder am Krieg. Nach sechs Jahren, am 8. Mai 1945, gab Deutschland auf und verlor den Krieg. Vor allem im Osten musste Deutschland große Gebiete abgeben. Millionen Menschen, die dort gelebt hatten, waren schon vor dem Ende des Krieges geflohen; weitere Millionen wurden aus ihrer Heimat vertrieben. Frauen, Kinder und alte Leute waren oft wochen- oder monatelang zu Fuß unterwegs. Viele starben an Unterernährung und Krankheiten, bevor sie ein neues Zuhause finden konnten.

Der schönste Geburtstag

Lena schaut Oma Lisbeth an. „Hast du auch auf einer Schnur gekaut?"

„Nein, wir haben im Lager wenigstens warme Suppe bekommen", antwortet sie. „Eines Morgens lag eine große Scheibe Brot auf dem kleinen Tisch in unserer Ecke. Es war die größte Scheibe Brot, die ich je gesehen hatte. Und sie war dick mit Erdbeermarmelade bestrichen. Mir lief schon beim Anblick das Wasser im Mund zusammen.

‚Herzlichen Glückwunsch zum Geburtstag!', sagte meine Mutter, nahm mich in den Arm und drückte mich fest an sich. Dann zeigte sie auf das Marmeladenbrot. ‚Das ist dein Geburtstagsgeschenk.'

Ich konnte es kaum glauben: Das riesige Brot nur für mich allein. Ich setzte mich an den Tisch, hob das Brot mit beiden Händen hoch und biss ein Stück ab. Es schmeckte wunderbar. Gleich beim ersten Bissen stimmte meine Mutter das Lied *Zum Geburtstag viel Glück* an und alle haben mitgesungen." Oma Lisbeth stockt und putzt sich die Nase. „Ich glaube, es war der schönste Geburtstag in meinem Leben", sagt sie mit feuchten Augen.

Ein paar Augenblicke ist es still. Selbst Alexander, der die „alten Geschichten" sonst nicht so mag, sagt nichts. Stattdessen fragt er Opa Werner: „Hast du auch nur eine Scheibe Brot zum Geburtstag bekommen?"

„Geburtstage wurden früher nicht so gefeiert wie heute", antwortet Opa. „Auch nicht, als es uns einige Jahre nach dem Krieg langsam wieder besser ging. Wenn es überhaupt Geschenke gab, dann Kleidung oder unser Lieblingsessen. Bei uns zu Hause war es so: Wenn ich Geburtstag hatte, stellte meine Mutter zum Frühstück ein weichgekochtes Ei an meinen Platz. Dann sang sie mit meinen Geschwistern *Hoch soll er leben*. Das war alles, mehr gab's nicht."

„Und bei euch?", will Lena jetzt von ihren Eltern wissen. „Gab's da auch nur Marmeladenbrote und Eier?"
„Nein, mein Schatz", antwortet Mama, „wir bekamen schon richtige Geschenke."
„Aber nicht so viele wie ihr heute", ergänzt Papa. „Hauptsächlich waren es Süßigkeiten und kleine Spielsachen."
Mama nickt. „Und ich durfte meine Freundinnen einladen. Das fand ich am schönsten. Dann gab's Kuchen und Kakao ..."
„Wie bei uns!", redet Lena dazwischen.
„Habt ihr auch Spiele gemacht?"

„Natürlich. Die hat sich Oma ausgedacht. Das war immer sehr lustig."
„Und ziemlich anstrengend", sagt Oma.
„Sechs, sieben Kinder im Haus, da ging's rund!"
„Da hört ihr es", sagt Mama lachend zu Lena und Alexander. „Genau wie bei euren Geburtstagsfesten. Da geht's ja auch rund!"
„Ich freu mich schon!", ruft Lena aufgeregt.
„Und ich bin gespannt, was für Spiele ihr euch diesmal ausgedacht habt."

Mach mit – frag nach!

Frage deine Oma oder deinen Opa, welches ihr allerschönstes Geburtstagsgeschenk war!

Kein eigenes Bett

Seit einiger Zeit gefällt Alexander sein Zimmer nicht mehr. Er möchte unbedingt farbige Wände haben. Die finde er viel cooler als die langweiligen weißen Tapeten, erklärt er seinen Eltern. Nach etlichen Gesprächen sind Mama und Papa endlich einverstanden. In den Osterferien räumen sie das Zimmer aus und Opa Werner hilft beim Streichen. Zwei Wände streichen sie blau, zwei in einem warmen Rot.

Als sie mit Streichen fertig sind, stärken sie sich mit den belegten Broten, die Lena, Mama und Oma Lisbeth vorbereitet haben.

„Wenn alles wieder eingeräumt ist, hänge ich meine Poster auf", sagt Alexander. „Wie hat eigentlich dein Zimmer früher ausgesehen?"

„In deinem Alter hatte ich noch kein eigenes Zimmer", antwortet Opa. „Ich hatte nicht mal ein eigenes Bett."

„Wo hast du denn geschlafen, wenn du kein Bett hattest?", fragt Alexander neugierig.

„Vielleicht im Heu?"

„Nein, im Heu nicht; wir hatten ja keinen Bauernhof. Geschlafen habe ich in einem alten Ehebett. Aber nicht allein, sondern mit meinen zwei Brüdern. Weil ich der Kleinste war, musste ich in der Mitte liegen. Manchmal habe ich in der Nacht Puffe und Stöße von beiden Seiten bekommen."
„Warum haben deine Eltern denn nicht für jeden von euch ein Bett gekauft?", fragt Lena.

Richtfest

Neue Häuser

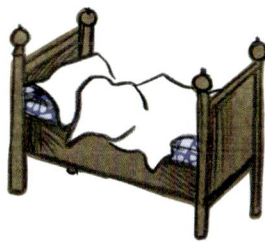

„Weil meine Mutter dafür kein Geld hatte", antwortet Opa. „Und keinen Platz. Das Haus, in dem wir lange gewohnt haben, ist im Krieg zerstört worden. Wir haben zum Glück alle überlebt und sind dann bei meiner Tante Gertrud untergekommen. Aber sie hatte nur zwei kleine Zimmer für uns. Eines für meine Mutter und meine Schwester, das andere für uns Buben."
„Und wo war dein Papa?", fragt Lena.
„Der ist im Krieg gefallen."
„Wie, gefallen?"
„So sagt man, wenn einer im Krieg erschossen wird", antwortet Alexander für Opa Werner.
„Da warst du bestimmt sehr traurig", sagt Lena zu ihrem Opa.
Er nickt. „Genau wie all die anderen Kinder, deren Väter nicht aus dem Krieg zurückkamen."

Der Wiederaufbau

Nach dem Zweiten Weltkrieg gab es in Deutschland viel zu wenige Wohnungen, weil viele Häuser zerstört waren. Außerdem kamen über zehn Millionen Flüchtlinge und Vertriebene aus den deutschen Ostgebieten. Sie brauchten Wohnungen und etwas zu essen. Deswegen mussten oft mehrere Familien in einem Haus leben. Das war für alle nicht einfach. Doch schon bald begann in den zerstörten Städten der Wiederaufbau: Neue Häuser und Siedlungen wurden errichtet.

Lena läuft zu Papa, klettert ihm auf den Schoß und schlingt die Arme um seinen Hals. „Du darfst nicht in den Krieg gehen!"
„Keine Angst, mein Schatz, ich bleibe bei euch", beruhigt sie Papa.

Die gute Stube

„Aber du hast als Kind doch bestimmt ein eigenes Bett gehabt", sagt Alexander zu Mama.
„Ein eigenes Bett schon, aber kein eigenes Zimmer", erwidert sie. „Das musste ich mit eurer Tante Sabine teilen. Und weil sie älter ist, hat sie mehr Platz beansprucht …"
„Genau wie der!", fällt Lena ihrer Mama ins Wort und zeigt auf Alexander. „Sein Zimmer ist größer als meins und frisch gestrichen!"
„Das steht mir auch zu", sagt Alexander grinsend.
„Du bist …"
Nun unterbricht Mama ihre Tochter: „Ihr habt beide schöne Zimmer und Platz genug! Aber ich wollte noch etwas anderes sagen: Obwohl wir nur ein ziemlich kleines Kinderzimmer hatten, durften meine Schwester und ich nicht im Wohnzimmer spielen. Und wenn eine Freundin zu mir kam, musste ich mit ihr nach draußen gehen. Nie durften wir ins Wohnzimmer! Das habe ich damals nicht verstanden."
„Das war früher eben so", sagt Oma. „In die gute Stube ging man nur am Abend zum Fernsehen, am Sonntag und an Feiertagen. Die Möbel sollten geschont werden; wir hatten ja sehr lange dafür gespart."
Plötzlich zieht ein Lächeln über Mamas Gesicht. „Ich muss gerade daran denken, wie unser Hund einmal unbemerkt hineinkam und alle Sofakissen zerriss. Im ganzen Zimmer flogen Federn herum. Es hat ausgesehen, als hätte es geschneit. Das war lustig! Aber sonst hab ich mich dort nie richtig wohl gefühlt. Da war alles so ordentlich, ja, irgendwie richtig steif. Man hat sich kaum getraut, auf dem Sofa zu sitzen. In der Küche war es viel gemütlicher."
„Weil unsere Küche eine zum Wohnen war und nicht nur zum Kochen", sagt Oma.
„Zum Glück ist sie das heute noch", mischt sich jetzt Papa ein. „Vor allem, wenn du einen deiner köstlichen Kuchen gebacken hast!"
Oma freut sich sehr über das Lob ihres Schwiegersohns.
„Und heute ist es auch im Wohnzimmer viel gemütlicher als früher …"
„Ich hab auf dem Sofa sogar schon Purzelbäume geschlagen", sagt Lena.
Opa Werner zwinkert ihr zu. „Wir haben eben dazugelernt, deine Oma und ich."

Ein langer Weg zur Schule

Papa muss geschäftlich nach München fahren und Mama begleitet ihn, um mal wieder durch die Geschäfte zu bummeln. Am Morgen reicht die Zeit gerade noch, um die Kinder zur Schule zu fahren und sich zu verabschieden.

„Opa holt euch heute Mittag ab", sagt Mama und drückt Lena einen Kuss auf die Wange. Alexander will nicht geküsst werden, schon gar nicht vor der Schule, wo einer seiner Freunde es sehen könnte. „Tschüss!", sagt er und ist schon weg.

„Tschüss!", ruft Mama ihm noch hinterher.

Opa Werner wartet schon ein paar Minuten vor Schulschluss. Er beobachtet, wie immer mehr Autos angefahren kommen. Die wenigen freien Parkplätze sind schnell belegt. Die meisten Autos stehen dicht gedrängt am Straßenrand, einige mit laufendem Motor. Der Gong ertönt und wenig später strömen die Kinder aus den verschiedenen Ge-

bäuden des Schulzentrums. Opa Werner entdeckt zuerst Lena, winkt ihr zu und ruft: „Hier bin ich!".

Alexander kommt wenig später, schaut sich suchend um und fragt dann: „Wo steht dein Auto?"

„In der Garage", antwortet Opa.

„Was?", rutscht es Alexander heraus. „Wieso in der Garage? Ist es kaputt?"

„Nein, zum Glück nicht. Aber wir können doch gut nach Hause laufen, Bewegung ist gesund!"

„So weit?", ruft Alexander ungläubig und guckt seinen Opa dabei an, als sei das völlig unmöglich.

„So weit ist es doch gar nicht. In zwanzig Minuten sind wir zu Hause. Mein Schulweg war mindestens fünf Mal so lang und den musste ich jeden Tag zu Fuß gehen, das ganze Jahr, auch im Winter." Er nimmt Lena an der Hand und geht mit ihr los.

Verkehrsmittel

Früher war es sehr beschwerlich, lange Wege zurückzulegen, wenn man zu Fuß gehen musste oder auf Pferdekutschen angewiesen war. Deswegen haben Ingenieure und Erfinder versucht, ein Fahrzeug zu bauen, das nicht geschoben oder gezogen werden musste. Am 29. Januar 1886 meldete Carl Benz seinen Motorwagen zum Patent an. Das gilt als die Geburtsstunde des modernen Automobils. Allerdings gibt es Autos, so wie wir sie kennen, erst seit etwa 100 Jahren. Seit damals haben sie sich sehr verändert. Die ersten Autos konnten nur Schrittgeschwindigkeit fahren und waren sehr teuer. Henry Ford hatte 1913 die Idee, Autos am Fließband herstellen zu lassen. Dadurch wurde die Produktion schneller und billiger. So stieg die Zahl der Autos erheblich an. Heute besitzt fast jede Familie ein eigenes Auto.

Ford

1950

„Und der Weg war wirklich so lang?"
„Wir haben mehr als eine Stunde gebraucht, wenn wir zügig gelaufen sind", antwortet Opa. „Wenn wir unterwegs noch gespielt oder etwas entdeckt haben, hat es natürlich länger gedauert. Im Winter saßen wir dann mit den nassen Kleidern in der Schule. Es gab noch keine richtige Heizung. Im Klassenzimmer stand nur ein Ofen, der mit Holz und Kohlen geheizt wurde. An kalten Tagen wurde es gar nicht richtig warm und wir haben den ganzen Morgen gefroren. Nach der Schule mussten wir zurück nach Hause, natürlich auch zu Fuß. Erst als ich größer war und mit dem alten Fahrrad meiner Mutter fahren konnte, ging's etwas schneller."

„Bist du wirklich jeden Tag zu Fuß zur Schule gelaufen?", fragt Lena.
„Natürlich", antwortet Opa. „Damals hatte kaum jemand ein Auto. Meine Mutter hätte auch gar keine Zeit gehabt, mich zu fahren. Und Schulbusse gab es auch noch nicht."

Opa Werner scheint kurz zu überlegen, dann erzählt er weiter: „So war es bei allen Kindern aus meiner Schule. Es gab nur eine Ausnahme: Die Tochter eines Fabrikanten wurde von einem Fahrer mit dem Auto zur Schule gebracht."
„So einen Fahrer möchte ich auch", grummelt Alexander.
„Du hast ja sogar zwei."
„Ich?"
„Ja, du und viele andere Kinder auch", sagt Opa. „Eure Eltern!"
„Das sind doch keine Fahrer!"
„Manchmal sieht es aber fast so aus", sagt Opa mehr zu sich selbst als zu Alexander.

Ohne Gangschaltung

Sie kommen am „Radhaus" vorbei, einem Fahrradladen. Im Schaufenster sind die neuesten Fahrradmodelle ausgestellt. Alexander bleibt stehen und schaut sie bewundernd an.
„Das sind tolle Räder, was!", sagt auch Opa.
Alexander nickt. „Die haben bestimmt siebenundzwanzig Gänge oder noch mehr."
Opa lächelt. „Guck mal, da steht ein E-Bike. Da ist sogar ein Motor dran, damit die Leute immer weniger treten müssen."
„So eins möchte ich auch."
„Ich nicht", sagt Opa.
Alexander ist überrascht. „Warum nicht?", fragt er. „Damit geht das Fahren doch viel leichter."

„Eben", sagt Opa. „Wenn ich Fahrrad fahre, möchte ich selbst treten. Mein Fahrrad hat zwölf Gänge, die reichen mir völlig. Und wenn ich an mein erstes Rad denke ... Das hatte überhaupt keine Gangschaltung. Aber es ist gefahren und war nie kaputt. Ich hatte höchstens mal einen Platten."
„Jetzt wäre ich sogar mit einem Fahrrad ohne Gangschaltung zufrieden", murmelt Alexander. „Dann müsste ich wenigstens nicht mehr laufen."

Mach mit – frag nach!

Wie alt waren deine Großeltern, als sie das erste Mal mit einem Auto gefahren sind? Welches war das erste Auto deiner Eltern?

Moderner Haushalt

Nach dem Tennistraining geht Lena zu Oma Lisbeth. Sie besucht ihre Oma sehr gern, weil sie oft zusammen basteln oder spielen. Manchmal schauen sie auch Fotoalben von früher an oder stöbern in den alten Schränken auf dem Dachboden. Dabei haben sie schon oft interessante und lustige Dinge entdeckt, neulich sogar den ersten Tennisschläger von Mama. Heute möchte Lena mit ihrer Oma stricken üben. Für den Winter braucht sie nämlich einen bunten, kuschelweichen Schal.

Lena geht durch das schön angelegte Gärtchen und läutet an der Haustür. Oma Lisbeth öffnet und drückt Lena kurz an sich. „Hallo, mein Schatz! Komm rein!"
Lena stellt ihren Tennisschläger neben die Tür, damit sie ihn später nicht vergisst.
„Wie war's beim Training?", fragt Oma.
„Gut. Zum Schluss hab ich sogar ein Match gewonnen!", antwortet Lena und strahlt.
„Gratuliere! Das ist ja toll!" Oma Lisbeth freut sich mit Lena. „Bevor wir deinen Sieg mit Kakao und Kuchen feiern, muss ich schnell

nach der Wäsche sehen, die müsste jetzt fertig sein."

Lena geht hinter ihr die Treppe hinunter in den Waschraum. Oma sieht am Schalter der Waschmaschine, dass das Waschprogramm beendet ist.

„Hängen wir die Sachen draußen auf?", fragt Lena.

Oma nickt. „Bei dem schönen Wetter trocknen sie schnell."

Während sie die Wäsche aus der Trommel holt, sagt Oma: „So eine Waschmaschine ist schon eine feine Sache. Es dauert nicht einmal zwei Stunden und alles ist sauber. Ich weiß noch, wie mühsam früher das Waschen war. Wir waren immer zwei Tage beschäftigt ..."

„So lange?", fragt Lena staunend.

Waschtag

Haushaltsgeräte

Waschmaschinen, Staubsauger, Mikrowellen und Geschirrspüler – all diese Geräte vereinfachen den Menschen das Leben und die Arbeit heute erheblich. Aber das war nicht immer so. Früher mussten die Menschen ohne elektrische Geräte auskommen und die täglichen Arbeiten von Hand erledigen. Nach dem Zweiten Weltkrieg setzte sich der technische Fortschritt rasant fort. Die Geräte wurden (und werden noch heute) ständig weiterentwickelt. Durch die Massenproduktion wurden sie zudem immer billiger, sodass Ende der 1960er Jahre bereits in vielen Haushalten ein Elektroherd und eine Waschmaschine standen.

„Ja, das war viel Arbeit", wiederholt Oma Lisbeth. „Schon am Abend vor dem Waschtag haben wir die Wäsche im Waschkessel über Nacht eingeweicht. Am frühen Morgen hat mein Vater den Waschkessel mit Holz und Kohlen geheizt. Die Wäsche musste nämlich richtig gekocht werden. Meine Mutter hat die einzelnen Stücke dann mit einer Holzzange aus dem Kessel gefischt und sie auf das Waschbrett gelegt. Die Flecken hat sie mit Kernseife behandelt und mit der Wurzelbürste sauber geschrubbt. Als ich größer war, musste ich ihr dabei helfen. Das war Schwerstarbeit und ging ganz schön ins Kreuz. Meine Finger waren immer aufgeweicht."

„Wie meine, wenn ich zu lang im Freibad bin", ruft Lena.

„So ähnlich", sagt Oma. „Nach dem Waschen mussten wir die Wäsche auswringen. Das war sehr anstrengend und mit der Zeit haben mir die Arme richtig wehgetan. Heute macht das alles die Waschmaschine."

Zusammen tragen sie den Korb mit der Wäsche in den Garten, wo eine Wäschespinne steht. Lena gibt Oma die Wäscheklammern und Oma hängt die Wäsche auf. Als Oma gerade eines von Opas Hemden aufhängen will, muss sie plötzlich laut lachen: „Wenn es im Winter richtig kalt wurde, ist die nasse Wäsche auf der Leine manchmal gefroren. Dann konnte man die steifen Hosen und Hemden auf den Boden stellen. Das hat lustig ausgesehen."

Maschinen für alles

Als die Wäsche hängt, gehen Oma und Lena in die Küche.
„Ich mache den Kuchen in der Mikrowelle kurz warm, dann schmeckt er fast wie frisch gebacken." Oma stellt auch Lenas Milch in die Mikrowelle. Für sich selbst kocht sie eine Tasse Kaffee.

„Heute geht das alles auf Knopfdruck in Nullkommanichts", sagt sie. „Früher musste ich die Kaffeebohnen in einer Kaffeemühle mahlen. Dann habe ich das Pulver in einen Papierfilter geschüttet und heißes Wasser drüber gegossen. Das war alles etwas umständlich. Aber richtigen Bohnenkaffee hat's bei Opa und mir sowieso nur am Sonntag gegeben. Unter der Woche gab's nur Muckefuck."
„Muckefuck", wiederholt Lena lachend. „Das ist ja ein lustiges Wort! Was ist denn das?"
„So nannten wir den Malzkaffee, der hat aber längst nicht so gut geschmeckt wie Bohnenkaffee."
„Warum habt ihr ihn dann getrunken?"
„Weil Bohnenkaffee so teuer war, dass wir uns den nicht so oft leisten konnten", antwortet Oma. „Jetzt können wir jeden Tag Bohnenkaffee trinken, sogar zwei- oder dreimal, wenn wir wollen." Oma trägt die Tassen zum Tisch.
Lena rührt zwei Löffel Kakaopulver in die warme Milch. Dann holt sie die Schlagsahne aus dem Kühlschrank.
„Hast Recht", sagt Oma, „zum Apfelkuchen gehört Sahne."
„Hm", macht Lena nach dem ersten Bissen. „Lecker."
„Freut mich, wenn's dir schmeckt."
Als sie fertig sind, stellen sie Tassen, Teller und Besteck in die Spülmaschine.
„Siehst du, auch spülen muss ich nicht mehr von Hand wie früher", sagt Oma. „Deswegen können wir jetzt in aller Ruhe stricken üben. Dein neuer Schal soll ja vor dem Winter fertig werden."
„Es ist schon toll, dass es heute für alles Maschinen gibt", meint Lena.
Oma Lisbeth nickt. „Ja, das stimmt. Auch wenn ich manchmal darüber staune, was sich seit meiner Kindheit alles verändert hat. Dass es einmal Maschinen geben würde, die waschen, spülen und Kaffee machen, hätte ich damals nicht geglaubt."

Mach mit – frag nach!

Welche Maschinen erleichtern dir im Alltag das Leben? Frag deine Eltern und Großeltern, ob es diese Maschinen schon gab, als sie Kinder waren.

Im Schulmuseum

Heute macht Alexanders Klasse einen Ausflug an den Bodensee. In Friedrichshafen besuchen sie das Schulmuseum. Frau Henkel, die Lehrerin, kauft die Eintrittskarten. Ein älterer Mann begrüßt die Kinder. „Mein Name ist Hans Bauer, ich werde euch durch das Museum führen."

Die Kinder folgen ihm durch die Räume und hören seinen Erklärungen mal mehr, mal weniger aufmerksam zu.

„So ungefähr haben die Klassenzimmer eurer Großeltern ausgesehen", erklärt er in einem großen Raum.

In drei Reihen stehen Schulbänke aus Holz hintereinander. Vorne in die Tischplatten sind Tintenfässchen eingelassen. Die Klappsitze sind fest mit den Tischen verbunden. Eine Schiefertafel liegt auf jedem Platz, daneben ein eigenartiger grauer Stift. Vor der Tafel steht ein Lehrerpult und in der Ecke ein Ofen. An den Wänden hängen Landkarten und verschiedene Schaubilder. In einer Vitrine liegen Hefte, Bücher und alte Schreibwerkzeuge. Auf dem Schrank steht ein Globus und daneben ein Abakus, ein Gestell mit farbigen Kugeln, mit dem Kinder früher das Rechnen lernten.

„Damals waren über fünfzig Kinder in einer Klasse. In kleinen Dorfschulen wurden Erstklässler und ältere Schüler sogar zusammen unterrichtet. Die Hauptfächer waren Lesen, Rechnen, Aufsatz, Rechtschreiben, Biblische Geschichte und Naturkunde. Besonders viel Wert wurde auf eine schöne Schrift gelegt, deshalb gab es auch das Fach Schönschreiben. Ihr dürft euch jetzt in die Bänke setzen, dann spielen wir Schule, wie sie früher war."
Es wird getuschelt, geschoben und geschubst.
„Mädchen und Jungen getrennt!", ruft Herr Bauer plötzlich mit ganz anderer Stimme. Er klingt gar nicht mehr freundlich, sondern sehr streng und bestimmend. „Und das geht leise!"

Unser Klassenzimmer

Der Schulalltag

Der Schulalltag sah zur Zeit deiner Großeltern noch ganz anders aus, als du es heute kennst. In Volksschulklassen saßen meistens um die 50 Kinder. In kleineren Dorfschulen gab es oft nur einen Lehrer, sodass ein gemeinsamer Unterricht für Kinder aller Klassenstufen stattfand. Bis in die 1960er Jahre wurden Mädchen und Jungen an den Gymnasien getrennt unterrichtet. Es gab aber nur wenige Mädchengymnasien, da anfangs nicht sehr viele Mädchen die Höhere Schule (Gymnasium) besuchen durften. Erst in den 1970er Jahren änderte sich das langsam; nun machten mehr Mädchen das Abitur.

Sofort wird es ruhiger und alle setzen sich schnell in eine der alten Schulbänke. Herr Bauer dreht sich zur Tafel, nimmt die Kreide und schreibt in schöner Schrift:
Ich soll nicht schubsen.
„Das schreibt ihr jetzt alle auf eure Schiefertafel!"
„Womit?", fragt Daniel.

Klasse 4

„Wie meldet man sich richtig?", fragt Herr Bauer.
Daniel hebt die Hand, aber Herr Bauer ist noch nicht zufrieden.
„Du musst aufstehen!", flüstert Alexander ihm zu.
Daniel erhebt sich und stellt seine Frage noch mal.
„Mit dem Griffel, der vor deiner Nase liegt!", antwortet Herr Bauer.
Die Kinder nehmen die grauen Stifte, die Herr Bauer „Griffel" nennt, und schreiben. Weil sie das noch nie getan haben, kratzen die Griffel quietschend auf den Schiefertafeln und einige Spitzen brechen ab.

Schlimme Strafen

Anna und Leonie kichern hinter vorgehaltenen Händen.
„Ihr zwei!", sagt Herr Bauer scharf und deutet mit dem Zeigestock auf sie. „Kommt mal nach vorne!"
„Äh ... wir ..."

„Ihr sollt nach vorne kommen!", wiederholt Herr Bauer streng.
Es wird mucksmäuschenstill im Zimmer. Den beiden Mädchen ist das Kichern vergangen, als sie vor Herrn Bauer stehen.
„Keine Angst, euch geschieht nichts", beruhigt Herr Bauer Anna und Leonie. „Aber wenn wir jetzt wirklich in der Schule eurer Großeltern wären, was würde dann wohl passieren?"
Marie meldet sich zögernd.
„Bitte!", sagt Herr Bauer.
Sie steht auf, bevor sie antwortet.
„Die zwei würden Schläge bekommen."
„Ja, mit dem Stock auf die Finger", ergänzt Alexander. „Das waren Tatzen. Meine Oma hat mir erzählt, dass sie einmal im letzten Augenblick die Hand weggezogen hat. Dafür hat sie eine Tatze extra bekommen."

Herr Bauer nickt. „Ja, so war das früher. Vor allem Mädchen haben Tatzen auf die Fingerspitzen bekommen. Manchmal so fest, dass es blutete. Die Buben mussten sich über eine Schulbank beugen und bekamen Schläge auf den Hintern. Bis zu 15 Mal durften Lehrer zuschlagen."
Einige Kinder verziehen schon beim Zuhören das Gesicht.
Herr Bauer greift unter das Lehrerpult und holt eine Kappe mit großen Ohren hervor.
„Weiß jemand, was das ist?"

Die Kinder raten, kommen jedoch nicht drauf.
„Das ist eine Eselsmütze", erklärt Herr Bauer. „Wenn ein Schüler nicht aufpasste oder auf Fragen falsche Antworten gab, musste er die aufsetzen und sich in die Ecke stellen."
„Das war gemein", sagt Alexander.
„Aber dafür haben die Kinder dem Lehrer manchmal einen Streich gespielt", sagt Herr Bauer und lacht. „Ich kann mich noch erinnern, wie mein Freund einmal ein Stück Stoff mitgebracht hat. Dann habe ich in der Pause den Füller des Lehrers neben dem Pult auf den Boden gelegt. Als er sich danach gebückt hat, hat mein Freund den Stoff zerrissen. Es hat sich angehört, als sei die Hose des Lehrers gerissen. Er hat sich furchtbar erschrocken und ist schnell aus dem Zimmer gelaufen. Und wir haben uns über den gelungenen Streich gefreut."

Mach mit – frag nach!

Wie viele Kinder waren in den Klassen deiner Großeltern? Was haben sie in der Pause gemacht? Haben sie ihren Lehrern auch Streiche gespielt?

Auf dem Bauernhof

Über Pfingsten fährt Familie Berger zu Oma Hildegard nach Melsungen. In dem Städtchen bei Kassel lebt Papas Mutter mit ihrer Tochter Dagmar im alten Bauernhaus. Nach der fast fünfstündigen Fahrt werden sie freudig begrüßt und gleich zu Tisch gebeten. Es gibt Schweinebraten mit selbst gemachten Klößen und Rotkohl.
„Hmmm!" Papa schwärmt: „Das schmeckt genauso wie früher."

„Nur, dass wir früher noch selbst geschlachtet haben. Heute kaufe ich alles in der Metzgerei", sagt Oma Hildegard.
„Hast du früher nicht eingekauft?", fragt Lena.
„Längst nicht so viel wie heute", antwortet Oma. „Weißt du, als euer Papa und Dagmar noch Kinder waren, hatten wir immer ein paar Schweine und meistens sechs bis acht Kühe. Damals haben wir jeden Herbst geschlachtet, damit wir Fleisch und Wurst für die kommenden Monate hatten."

Erntezeit

"Habt ihr die Kühe auch geschlachtet?", möchte Alexander wissen.

"Die Kühe nicht, nur die Schweine", antwortet Oma Hildegard. "Die Kühe sollten ja Milch geben. Bei uns gab es täglich frische Milch und das Gemüse haben wir im Garten angebaut. Im Herbst gab es auch frisches Obst. Das haben wir zum Teil eingelagert und in Gläsern eingekocht, damit es länger hielt. Wir haben also fast alles auf dem Hof gehabt, was wir zum Leben brauchten."

"Früher liefen Hühner und Enten im Garten herum und legten so viele Eier, dass Oma davon sogar welche verkaufen konnte", sagt Tante Dagmar. "Bis auf ein paar Hühner und den Kater Heinrich gibt es heute keine Tiere mehr auf dem Hof. Auch das Gemüsebeet ist nur noch halb so groß wie damals. Und die schweren Maschinen haben wir nach dem Tod von Opa verkauft."

Leben in der Landwirtschaft

Bis Mitte des 20. Jahrhunderts gab es in der Landwirtschaft hauptsächlich kleine Höfe, auf denen Pferde, Kühe, Schweine, Gänse, Enten, Hühner, Ziegen und Schafe gehalten wurden. Die meiste Arbeit wurde von der Bauernfamilie mit einfachen Geräten und Maschinen verrichtet.

Heute sehen Bauernhöfe und die Arbeit in der Landwirtschaft ganz anders aus. Moderne Bauern haben sich spezialisiert: Sie halten zum Beispiel nur noch Kühe oder nur noch Schweine oder produzieren vorwiegend Kartoffeln oder Getreide. Die Zahl der Bauern ist viel geringer geworden, dafür werden die Höfe mit ihren Ställen und Ländereien immer größer. Denn auch das Bestellen der Felder und die Versorgung der Tiere sind heute leichter als früher. Musste man früher beispielsweise die Kühe von Hand melken, gibt es heute Melkmaschinen. Das spart natürlich Zeit und so können viel mehr Kühe gehalten werden.

„Papa, hast du als Kind mitgeholfen bei der Arbeit?", möchte Lena wissen.
Papa nickt. „Selbstverständlich. Früher mussten alle Bauernkinder mithelfen. Ich weiß noch gut, wie ich als Junge oft traurig und wütend war, wenn die anderen beim Fußballspielen waren und ich auf dem Feld arbeiten musste. Urlaub war auch nicht drin. Meine Freunde erzählten von Ferien in Italien, vom Meer und den tollen Wellen und ich war höchstens im Freibad."

„Die Arbeit auf einem Bauernhof war früher sehr anstrengend, auch für die Kinder", sagt Oma Hildegard. „Aber euer Opa konnte sich eben nie vorstellen, in einer Fabrik zu arbeiten oder in einem Büro zu sitzen. ‚Da würde ich mich eingesperrt fühlen und krank werden', hat er immer gesagt."
„Wir waren mit unserer Lehrerin auf einem Bauernhof", sagt Lena. „Mir hat es da gefallen, ich mag nämlich Tiere."
„Ja, bei einem Ausflug Tiere anzuschauen und zu streicheln, ist schön", sagt Papa. „Auf einem Bauernhof zu leben ist etwas ganz anderes. Aber wisst ihr, was ich richtig toll fand? Traktor fahren!"
„Das würde mir auch Spaß machen", sagt Alexander.
Oma Hildegard zuckt bedauernd mit den Achseln. „Der Traktor ist leider auch verkauft."

Ein richtiger Junge

„Oma, wie war Papa, als er klein war?", möchte Lena wissen.
„Psssst!", macht Papa und legt einen Finger auf den Mund.
„Nein, Oma, erzähl!", sagt Alexander.

„Ja, also, euer Vater war ein ganz normaler Junge", beginnt sie. „Nur ein wenig ängstlich. Manchmal kam er in der Nacht zu mir ins Bett geschlüpft, weil er Schritte auf dem Dachboden oder einen Geist gehört hatte."
„Geister kann man ja gar nicht hören", wirft Alexander ein. „Die schweben doch!"
„Hast du eine Ahnung, was man in so einem alten Bauernhaus alles hören kann", erwidert Papa. „Ganz besonders in der Nacht. Überall knarrt es und das Holz knackt so richtig unheimlich. Wenn dann auch noch der Wind ums Haus pfeift und an den Fensterläden rüttelt, ist das völlig anders als in modernen Häusern."
„Euer Opa hat darüber nur gelacht", erzählt Oma Hildegard weiter. „Er wollte eurem Papa Mut machen, damit er nicht immer so ängstlich ist. Ich weiß noch, wie er ihn einmal auf das Pferd gesetzt hat, das wir damals noch hatten. Kaum saß euer Papa oben, hat er zu weinen angefangen und wollte wieder runter."

„So ein Pferd ist für einen kleinen Jungen auch unheimlich hoch", verteidigt sich Papa. „Aber euer Opa hat ihn nicht heruntergeholt, sondern gesagt: ‚Ein richtiger Junge weint doch nicht!'"
„So ein Quatsch!", ruft Alexander. „Ich habe schon oft geweint."
„Das ist auch gut so", sagt Papa. „Ich habe mir nämlich geschworen, dass mein Sohn einmal Angst haben und weinen darf. Er muss auf keinen Fall ein ‚richtiger Junge' sein!"
„Ich bin aber ein richtiger Junge!", entgegnet Alexander. „Auch wenn ich manchmal weine – und ganz, ganz selten ein bisschen Angst habe", fügt er grinsend hinzu.

Mach mit – frag nach!

Frag deine Großeltern, ob sie vom Leben auf alten Bauerhöfen erzählen können. Kennen deine Eltern noch Bauernhöfe?

Eine Straße zum Spielen

"Lasst uns einen Spaziergang machen", schlägt Mama vor. "Nach der langen Autofahrt und dem leckeren Essen tun uns ein wenig Bewegung und frische Luft gut."
"Das ist ein schöner Vorschlag", meint Oma Hildegard. "Ich komme mit."
Alexander ist anderer Meinung, denn er mag Spaziergänge nicht. Aber allein will er auch nicht im Haus bleiben.

Als sie die Straße überqueren wollen, müssen sie lange warten, denn es fahren viele Autos vorbei.
"Heute kommt man kaum auf die andere Seite, dabei haben wir als Kinder auf dieser Straße noch gespielt", sagt Oma Hildegard.
"Gespielt? Hier auf der Straße?", fragt Alexander. Man sieht ihm seine Zweifel an. Oma Hildegard lächelt. "Du kannst mir ruhig glauben. Am liebsten haben wir hier vor dem Haus Fangen und Ball gespielt."
"Aber das war doch gefährlich", meint Lena.
"Damals nicht", sagt Oma Hildegard. "Auch wenn man sich das heute gar nicht mehr vorstellen kann. Vor sechzig Jahren hat es

kaum Autos gegeben. Wir Mädchen haben unsere Puppenwagen über die Straße geschoben. Die Buben sausten mit ihren Tretrollern aus Holz die Straße rauf und runter. Ab und zu kam ein Pferdefuhrwerk vorbei, manchmal auch ein Auto. Mit dem fuhren die Buben dann ein Stück um die Wette. Wenn das Auto um diese Kurve bog", Oma Hildegard zeigt in eine Nebenstraße, „dann gehörte die Straße wieder uns Kindern. Wir haben mit Kreide Himmel-und-Hölle-Felder aufgemalt, konnten auf Stelzen gehen oder seilhüpfen."
„Das hätte mir auch gefallen", sagt Lena.
„Als wir klein waren, war es schon viel gefährlicher, auf der Straße zu spielen", sagt Tante Dagmar. „Wir haben uns andere Plätze zum Spielen gesucht. Gummitwist war eine Zeit lang sehr beliebt bei uns Mädchen, daran erinnere ich mich noch gut."
„Und wir Jungs sind zum Sportplatz gegangen", ergänzt Papa. „Dort haben sich nachmittags alle getroffen, die Zeit hatten. Nicht nur zum Fußballspielen. Manchmal sind wir losgezogen, um im Wald Cowboy und Indianer zu spielen."

Das Telefon

Dass man ein Telefon in der Tasche mit sich herumtragen und jederzeit telefonieren kann, hätte vor 50 Jahren noch niemand geglaubt. Damals verfügten nur wenige Häuser über einen Festnetzanschluss. Die Telefonapparate waren ziemlich groß und hatten eine Scheibe, die man drehen musste, um zu wählen. Die ersten Mobiltelefone tauchten erst in den 1990er Jahren auf. Auch sie waren sehr groß und hatten keine der tollen Funktionen, wie sie bei modernen Handys oder gar Smartphones selbstverständlich sind. Man konnte auch nicht überall mit diesen ersten Mobiltelefonen telefonieren, da das Handynetz noch nicht so gut ausgebaut war und man deshalb nicht überall Empfang hatte.

Urlaub London

Telefon mit Scheibe

Telefon und Handy

In diesem Augenblick klingelt Tante Dagmars Handy. Sie schaut schnell auf das Display, sieht, wer anruft, und meldet sich: „Hallo! Was gibt's? – Nein, ich kann nicht zur Chorprobe kommen. Mein Bruder ist mit seiner Familie zu Besuch. – Tschüss, bis bald!" Sie entschuldigt sich für die Störung.

„Kein Problem", sagt Papa. „Das ist heute eben so. Man ist immer und überall erreichbar ... Als ich im Wald gefesselt war, wäre ich sehr froh gewesen, wenn ich ein Handy gehabt hätte. Aber das hat es damals noch nicht gegeben."

„Ja, ja", sagt Oma Hildegard, „einmal haben wir dich abends gesucht und an einen Baum gefesselt gefunden. Ich hatte damals große Angst um dich."

Papa nickt. „Die Bande aus dem Nachbardorf hatte mich erwischt und gefesselt zurückgelassen. Ich habe geschrien wie am Spieß, aber niemand hat mich befreit. Als es langsam dunkel und immer unheimlicher wurde, hatte ich furchtbare Angst, so ganz allein im Wald."

„Heute ist das unvorstellbar. Aber wir hatten ja lange nicht mal ein Telefon", sagt Tante Dagmar. „Ich glaube, ich war schon zehn Jahre alt, als ein Anschluss ins Haus kam."

„Ja, aber wie habt ihr denn früher telefoniert?", wundert sich Lena.

„Entweder bei unserem Nachbarn, der schon ein Telefon hatte, oder in der Telefonzelle neben dem Rathaus", antwortet Tante Dagmar.

„Oder auf der Post", fügt Oma Hildegard noch hinzu.

Alexander und Lena haben schon gehört, dass es früher nicht in jedem Haus ein Telefon gab.

Aber dass man zum Telefonieren auf die Post oder zum Rathaus musste, können sie sich nicht so richtig vorstellen.

„Das war ja furchtbar umständlich", sagt Alexander.

„Deswegen haben wir auch nur telefoniert, wenn es wirklich dringend war", sagt Papa.

„Ich war schon um die vierzig, als ich zum ersten Mal telefoniert habe", sagt Oma Hildegard. „Und ich weiß noch, wie aufgeregt ich war."

„Warum denn?", fragt Alexander.

„Weil ich Angst hatte, dass ich etwas falsch mache."

„Aber Oma", sagt Lena, „telefonieren ist doch babyleicht."

„Für euch schon, ihr seid ja damit aufgewachsen", erwidert Oma Hildegard. „Für mich war es damals neu und fremd. Ich musste mich erst daran gewöhnen, in einen Hörer zu sprechen, ohne meinen Gesprächspartner zu sehen."

Mach mit – frag nach!

Was haben deine Großeltern früher am liebsten gespielt? Hast du schon mal ein Spiel ausprobiert, das deine Eltern als Kinder gespielt haben?

Verkleiden macht Spaß

einer Holztruhe auf. „Das sind ja alte Kinderkleider!", ruft Lena. „Die haben bestimmt mal Papa und Tante Dagmar gehört. Komm, wir verkleiden uns!"
Alexander will erst nicht, aber dann schlüpft er doch in ein weiß-blau kariertes Hemd und in die kurze graue Lederhose. Lena zieht eine weiße Bluse und ein grünes Dirndl mit rot-weiß karierter Schürze an.
Sie schleichen leise die knarrende Treppe hinunter und gelangen unbemerkt ins Wohnzimmer, wo Oma, Papa, Mama und Tante Dagmar am Tisch sitzen und sich unterhalten. Papa bemerkt sie zuerst. Er hält mitten im Satz inne und traut seinen Augen kaum. „Das ist doch ..." Dann schüttelt er lachend den Kopf. „Jetzt hab ich einen Moment wirklich

Lena liebt es, auf Dachböden zu kramen und in alten Schränken und Truhen zu stöbern. Zu Hause hat sie dabei einmal die Barbie-Puppen ihrer Mutter entdeckt. Jetzt hat sie Lust, auch im Elternhaus von Papa auf Entdeckungsreise zu gehen. Alexander schleicht mit seiner Schwester auf den Dachboden, wo eine Menge Krimskrams lagert. Neugierig klappt er den Deckel

Opa

Mode

gedacht, wir beide kommen zur Tür herein, Dagmar."
Oma, Mama und Tante Dagmar drehen sich herum und lachen laut.
„Wie seht ihr denn aus?", prustet Mama.
„Wie euer Papa und Dagmar als sie noch klein waren!", sagt Oma.
Lena dreht sich im Kreis wie bei einer Modenschau. Alexander zupft und zieht an der Lederhose, die ihm etwas zu eng ist. „Hast du die früher wirklich getragen?"
„Und ob!" Papa schmunzelt. „Bis sie mir zu klein wurde. Die Hose war wirklich praktisch: Wenn ich hingefallen bin, gab's keine Löcher, jedenfalls nicht in der Hose! Auf dem Land sind die meisten Jungs so herumgelaufen."

Zu Großelternzeiten gab es noch keine eigene Mode für Kinder. Damals wurden Kinder meist wie kleine Erwachsene gekleidet. Kinderjacken, Kinderwesten, Kinderschuhe und selbst Kinderhüte waren in Form und Schnitt der Erwachsenenmode angeglichen. In vielen Familien war das Geld knapp. Deswegen wurde die Kleidung für Kinder oft selbst gemacht oder vom Schneider aus den Kleidern von Erwachsenen geschneidert. Und weil es sich für Frauen bis in die 1950er nicht gehörte, Hosen zu tragen, trugen auch Mädchen keine.

Papas Hose

Lederhosen und Jeans

Jetzt wollen Lena und Alexander aber noch mehr über Papas Kindheit hören. Also geht Oma Hildegard zum Schrank, nimmt eines der Fotoalben, setzt sich damit aufs Sofa und blättert ein paar Seiten um. „Da", sagt sie, „schaut euch mal diese Fotos an!"
Lena und Alexander setzen sich links und rechts neben sie.
„Ist das Papa an seinem ersten Schultag?", fragt Lena.

Oma Hildegard nickt und schmunzelt.
Lena kichert, Alexander lacht.
„Was gibt's da zu lachen?", fragt Papa und muss sich selbst ein Grinsen verkneifen, als er seine Frisur von damals sieht: Der Scheitel ist kerzengerade und die Haare kleben nass am Kopf.
„Du siehst so komisch aus mit deinen Hosenträgern!" Lena kann vor Lachen kaum noch sprechen.
Oma Hildegard blättert weiter. „Hut, Anzug und ... Krawatte!", gluckst Alexander „Wie ein erwachsener Mann."
„Das war mein Sonntagsanzug", erklärt Papa. „Den musste ich am Sonntag und bei Festen anziehen ..."

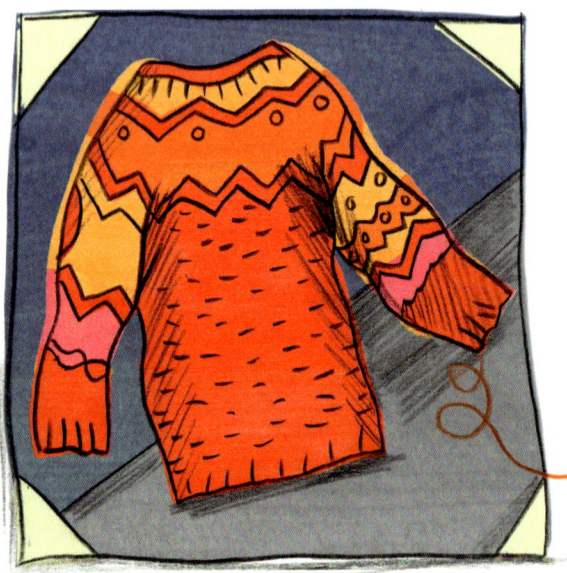

Papas 1. Schultag

„Genau wie ich mein Sonntagskleid", ergänzt Tante Dagmar. „Die Sonntagskleidung durfte auf keinen Fall schmutzig werden ..."
„Ja, weil wir damals nicht so viel Kleidung hatten wie heute", sagt Oma Hildegard. „Es gab eben Kleidung für werktags und welche für den Sonntag. Wenn etwas kaputtging, habe ich es genäht oder geflickt. Die Sachen wurden getragen, bis sie zu klein waren.
„Und manchmal noch länger", redet Papa weiter. „Ich erinnere mich an einen Pullover, bei dem du zweimal Stücke an die Ärmel gestrickt hast – in verschiedenen Farben! Wenn ich den anziehen musste, hab ich mich richtig geschämt."

„Wir konnten uns eben nicht ständig etwas Neues kaufen", sagt Oma Hildegard.
„Kannst du dich noch daran erinnern, wie lange ich um meine erste Jeans gekämpft habe?", fragt Dagmar ihren Bruder. „Ich habe den Eltern alles Mögliche dafür versprochen: gute Noten in der Schule, im Haushalt helfen und bei der Nachbarin die Kinder hüten. Ein Jahr später hatte ich dann endlich die Jeans und war wahnsinnig stolz darauf."
„Warum warst du stolz darauf?", fragt Alexander verwundert. „Eine Jeans ist doch nichts Besonderes."
„Heute nicht mehr, aber damals schon", antwortet Tante Dagmar. „Jedenfalls für ein Mädchen vom Land."

Mach mit – frag nach!

Was haben deine Großeltern als Kinder für Kleidung getragen? Welche Frisuren hatten sie? Durften deine Eltern als Kinder anziehen, was sie wollten?

Heilkräfte aus der Natur

Es ist kurz vor neun. Normalerweise wären Lena und Alexander um diese Zeit schon im Bett. Aber weil Ferien sind, dürfen sie länger aufbleiben. Lena kuschelt sich auf Papas Schoß, Alexander sitzt zwischen Mama und Tante Dagmar auf dem Sofa. Oma Hildegard stellt etwas zum Knabbern auf den Tisch.
„Hast du vielleicht auch Schokolade da?", fragt Papa.
„Oh, das habe ich ganz vergessen, du warst ja schon immer ein Schleckermaul." Sie holt eine Tafel Schokolade aus dem Schrank und legt sie vor Papa hin.
„Weißt du noch, wie du einmal die Hälfte des Teigs genascht hast, den ich für die Weihnachtsplätzchen gemacht habe?", fragt Oma und lacht.
„Erzähl den Kindern doch nicht solche Geschichten!", murrt Papa.

„Doch!", rufen Lena und Alexander begeistert. Oma Hildegard erzählt weiter: „Von dem vielen Teig hat euer Papa heftiges Bauchweh bekommen und furchtbar gejammert. Dann habe ich ihm Rizinusöl gegeben ..."
„Rizinusöl? Was ist denn das?", fragt Lena dazwischen. „Das habe ich ja noch nie gehört."
Oma erklärt es ihr: „Das ist ein altes Hausmittel gegen Verstopfung ..."
„Und das wirkt, kann ich euch sagen!" Papa schmunzelt. „Ich musste ständig aufs Klo rennen."

Salbei

Jetzt kichern Alexander und Lena. „Hausmittel verwenden wir heute noch", mischt sich jetzt Mama ein. „Wir gehen auch nicht wegen jedem Wehwehchen gleich zum Arzt. Neulich hatte Lena Fieber. Da hab ich ihr Wadenwickel gemacht, sie gut zugedeckt und ihr einen kalten Waschlappen auf die Stirn gelegt. So hat es meine Mutter schon bei mir gemacht. Das Fieber ging über Nacht zurück und morgens ging es dir doch viel besser, stimmt's, Lena?"
Lena kichert immer noch und nickt. „Aber Rizinusöl darfst du mir nicht geben."
Da müssen alle lachen.

Omas Hausmittel

Früher gab es noch nicht so viele Ärzte wie heute und ein Arztbesuch war sehr teuer. Also behalfen sich viele Menschen bei kleineren Krankheiten mit sogenannten „Hausmitteln". Meist verwendeten sie getrocknete Kräuter oder Pflanzen, z. B. in Tees oder Salben. Solche Heilmittel verwendet man bis heute. Kamillentee lindert beispielsweise eine Magenverstimmung, Pfefferminze schwächt Bauchschmerzen und Salbeitee hilft gegen Halsschmerzen. Das Wissen über diese Mittel wurde in den Familien von Generation zu Generation weitergegeben. Deswegen spricht man auch von „Omas Hausmitteln".

Pfefferminze

Großes Glück

„Manchmal helfen auch die besten Hausmittel nicht", sagt Tante Dagmar.

Oma Hildegard nickt. „Das stimmt leider. Ich hatte drei jüngere Geschwister, auf die ich als Älteste oft aufpassen musste, obwohl ich selbst erst neun Jahre alt war. Eines Tages hatte meine kleine Schwester Gertrud Bauchschmerzen. Meine Eltern waren auf dem Feld und ich musste zu Hause die Kleinen hüten. Gertrud hat gewimmert und geweint. Ich habe ihr einen Tee gemacht, so wie ich es bei meiner Mutter gesehen hatte. Aber der Tee hat nicht geholfen und ihre Schmerzen haben nicht nachgelassen. Weil ich mir keinen Rat wusste, habe ich sie ins Bett gebracht, mich zu ihr gelegt und gebetet, dass unsere Mutter bald käme. Ich habe richtig Angst um Gertrud gehabt. Als Mutter endlich wieder zu Hause war, hat sie für Gertrud eine Wärmflasche gemacht und ihr auf den Bauch gelegt. Doch auch davon gingen die Schmerzen nicht weg.

Erst als Gertrud auch noch hohes Fieber bekam, schickte Mutter mich los, um den Arzt zu holen. Im Wartezimmer saßen viele Leute, weil wir nur einen Arzt im Ort hatten. Es dauerte ewig, bis er endlich kam und Gertrud untersuchte. Er sagte, sie habe eine Blinddarmentzündung und müsse so schnell wie möglich ins Krankenhaus gebracht werden. Doch das war nicht so einfach. In Melsungen gab es damals noch kein Krankenhaus und bis nach Kassel war es weit. Als Gertrud dort endlich behandelt werden konnte, war ihr Blinddarm schon geplatzt und sie wäre fast gestorben."

Es ist still im Zimmer. Lena und Alexander schauen ihre Oma an, als warteten sie noch auf etwas.
„Wir waren alle froh, als Gertrud aus dem Krankenhaus nach Hause kam", erzählt Oma Hildegard weiter. „Ich am meisten, das könnt ihr mir glauben. Zum Glück haben wir heute mehr Ärzte und ins nächste Krankenhaus ist es auch nicht mehr so weit wie damals."
„Das ist ein großer Fortschritt", sagt Papa.
„Trotz aller Hausmittel", fügt er noch hinzu.

Mach mit – frag nach!

Welche Hausmittel werden bei euch zu Hause angewandt? Welche Tipps hat deine Oma, wenn du krank bist?

Ein Ferkel im Bett

Heute geht Lena nach dem Tennistraining gemeinsam mit Sophie nach Hause. Ihre Freundin hat seit einer Woche ein Kätzchen, das beide unheimlich süß finden. Sophie hat es „Maja" getauft. Während sie mit Maja spielen, kommt Sophies Großmutter ins Wohnzimmer. Sie hat im Erdgeschoss ein Zimmer mit Bad, weil sie nach dem Tod ihres Mannes nicht mehr allein in ihrer alten Wohnung leben wollte.

„Ach, du hast Besuch", sagt sie und schaut Lena an. „Du bist doch die ... die ..., jetzt fällt mir dein Name nicht mehr ein."
„Lena", sagt Lena.
„Richtig, die Lena."
Maja springt von Sophies Arm, läuft zu Lena und schnuppert an ihren Zehen.
„Spielt ihr schön mit dem Kätzchen", sagt die Großmutter. „Ja, das macht Freude. Ich hatte früher auch eine Katze. Nein, nicht nur eine, sondern mehrere."

Hagenbecks Tierpark, 1900

Exotische Tiere

Schon vor vielen hundert Jahren waren die Menschen von Tieren aus fremden Ländern fasziniert. Fürsten und wohlhabende Bürger haben sich diese Tiere in so genannten Menagerien gehalten. Allerdings nur zu ihrem privaten Vergnügen, die Öffentlichkeit durfte diese Tiere nicht anschauen. Der älteste deutsche Zoologische Garten wurde 1844 in Berlin gegründet.
Von Anfang an gab es Kritik, weil die Tiere in Käfigen leben mussten. Deshalb machte sich der Hamburger Carl Hagenbeck viele Gedanken darüber, wie ein Zoo gestaltet sein müsse, in dem sich Tiere möglichst wohl fühlen. In „Hagenbecks Tierpark", der 1896 in Hamburg eröffnet wurde, orientierte er sich an den natürlichen Lebensräumen der Tiere und verzichtete nach Möglichkeit auf Gitter. Dies ist auch der Grundgedanke für moderne Zoos.

1. Zoobesuch

„Mehrere?", fragt Lena erstaunt.
Die Großmutter nickt. „Und nicht nur Katzen, sondern auch einen Hund und Schafe und Kälbchen und all die Tiere, die es auf einem Bauernhof so gab. Ich bin mit Tieren aufgewachsen und es gab immer welche, die ich ganz besonders mochte. Einmal hatte ich ein Ferkel, das ist immer hinter mir hergelaufen und mir manchmal sogar ins Haus gefolgt. Eines Abends wollte ich es in den Stall bringen, da hat es mich so traurig angeguckt und so jämmerlich gequiekt, dass ich es nicht übers Herz brachte, es in den Stall zu sperren."
„Und dann?", fragen die Mädchen.
„Dann?" Die Großmutter kichert leise. „Dann habe ich es heimlich in mein Zimmer geschmuggelt und zu mir ins Bett genommen ..."

„Ins Bett! Ein Ferkel! Iiiiii!", ruft Sophie.
„Nichts Iiiiii", erwidert ihre Großmutter.
„Mein Ferkel war doch ganz sauber und lieb. Meine Mutter kam noch, um mir gute Nacht zu sagen. Ich habe zwar schnell die Bettdecke über das Ferkel gezogen, aber sie hat es trotzdem entdeckt und mich kräftig geschimpft."
„Und das Ferkel?", fragt Sophie.
„Das hat sie aus meinem Bett gejagt." Die Großmutter kichert wieder. „Das Ferkel ist durchs Haus gelaufen bis in die Wohnstube. Dort hat es unter dem Tisch ein Häufchen gemacht, das weiß ich noch ganz genau. Bestimmt aus Rache, weil Mama so unfreundlich zu ihm war."

Was für ein Haustier?

„Ich möchte auch gern ein Haustier", flüstert Lena, „aber kein so komisches wie ein Ferkel."
„Mein Cousin Fabian hat noch ein viel komischeres", sagt Sophie. „Rate mal, was für eines!"
Lena zuckt mit den Schultern. „Weiß nicht, es gibt so viele Tiere."
„Sag doch einfach eines!"
„Löwe", sagt Lena, damit Sophie zufrieden ist.
Sophie schüttelt den Kopf. „Falsch! Er hat ein Chamäleon!"
„Ein Chamäleon?", wundert sich Lena. „Das sieht ja aus wie ein kleiner Saurier. Mit dem kann man doch nicht spielen."
Sophie nickt. „Es hat eine ganz lange Zunge, die es blitzschnell aus dem Maul schießen lassen kann, um die Beute zu fangen. Mir ist das unheimlich."
„Was ihr alles wisst", murmelt ihre Großmutter. „Heute haben Kinder zu Hause Tiere, von denen ich als Kind nicht einmal gehört hatte."

„Warst du als Kind denn nicht im Zoo?", fragt Sophie.

„Bei uns hat es weit und breit keinen Zoo gegeben", antwortet ihre Großmutter.

„Aber im Fernsehen hast du doch bestimmt auch mal solche Tiere gesehen", meint Sophie.

Ihre Großmutter lächelt. „Als ich so alt war wie ihr, gab es noch keine Fernseher. Wilde Tiere aus fernen Ländern kannte ich höchstens aus Büchern. Manchmal waren Abbildungen drin, zum Beispiel von Löwen, Tigern, Elefanten und Krokodilen. So hatte ich wenigstens eine Vorstellung von den bekanntesten Tieren. Aber von einem Chamäleon oder dergleichen wusste ich nichts. Ein Fuchs war das wildeste Tier, das ich als Kind gesehen habe."

„Wo?", möchte Sophie wissen.

„Einmal sollte ich am Abend noch die frisch gelegten Eier aus dem Hühnerhaus holen", erzählt ihre Großmutter. „Da hörte ich lautes Gegacker. Sekunden später tauchte ein Fuchs mit einem Huhn im Maul auf. Einen Augenblick blieb er stehen und knurrte mich an. Ich drehte mich um und rannte schreiend ins Haus. Mein Vater lief sofort in den Garten, aber der Fuchs war schon weg."

„Vor einem Fuchs hätte ich auch Angst gehabt", sagt Sophie.

Maja streicht um Lenas Beine und miaut. Lena nimmt das Kätzchen hoch und streichelt es. „Du bist so weich und lieb. Vor dir muss man keine Angst haben."

„Maja hat auch keine so unheimliche Zunge wie Fabians Chamäleon", sagt Sophie.

„Ich möchte kein Chamäleon als Haustier", sagt ihre Großmutter.

„Lieber ein Ferkel?", fragt Sophie.

Ihre Großmutter lacht. „Nein, auch kein Ferkel. Wenn ich noch mal Kind wäre, würde ich mir bestimmt auch ein Kätzchen aussuchen. So wie ihr."

Mach mit – frag nach!

Frage deine Großeltern, ob sie als Kinder Tiere hatten. Mussten sie diese auch versorgen?

Langeweile

Am Samstagnachmittag machen Mama, Papa, Lena und Alexander einen Spaziergang durchs Städtchen, der sie zum Abschluss zu Oma Lisbeth und Opa Werner führt. Dort gibt es Kaffee, Kakao und Kuchen, worauf sich alle freuen.

Nachdem Alexander zwei Stückchen Kuchen verdrückt hat, fragt er, ob er den Fernseher einschalten darf.

„Sonst ist mir total langweilig", murrt er.

„Total langweilig", wiederholt Oma. „Uns war es als Kinder eigentlich selten langweilig. Wir mussten zu Hause nämlich oft mithelfen. Und wenn es mal nichts zu tun gab, was meinst du, was wir dann gemacht haben?"

Man sieht Alexander an, dass ihn das überhaupt nicht interessiert.

„Ihr habt gespielt!", antwortet Lena deshalb für ihn.

„Genau, wir haben gespielt", bestätigt Oma. „Drinnen und draußen."

„Wir auch", sagt Papa. „Ich weiß noch, wie wir eine Bande gegründet haben, richtig mit Treueschwur, Geheimsprache, Abzeichen und so", erzählt er weiter. „Tigerbande war unser Name. Im Garten haben wir ein Baumhaus gebaut und in den Ferien manchmal darin übernachtet …"

„In einem Baumhaus?", fragt Alexander zweifelnd.

„Genau", bestätigt Papa.

„Wie viele wart ihr denn?"

Papa überlegt kurz. „Fünf oder sechs, wenn ich mich richtig erinnere."

„Dann muss es aber ein ziemlich großes Baumhaus gewesen sein", sagt Alexander, dem man ansieht, dass er die Geschichte nicht glaubt.

„Lass Papa doch endlich weitererzählen!", sagt Lena.

Das tut Papa: „Eines Nachts haben uns die vier Müller-Brüder überfallen. Aber wir haben sie in die Flucht geschlagen! Und fragt nicht, wie!"

„Wie?", fragt Lena sofort.

Papa kichert. „Wir haben … Nein, ich sollte das gar nicht sagen."

„Doch, sag es!"

Unser 1. Fernseher

Fernsehgeschichte

Auch wenn heute wohl jede Familie in Deutschland mindestens einen Fernseher besitzt, gab es noch vor 60 Jahren weniger als 500 Geräte. Damals wurde nur ein Programm gesendet und das zunächst auch nur zwei Stunden pro Tag.
Das erste direkt im Fernsehen übertragene Großereignis war die Krönung der englischen Königin Elizabeth II. am 2. Juni 1953. Auch die Fußballweltmeisterschaft im Jahr 1954 trug dazu bei, dass die Zahl der Fernsehgeräte in Deutschland auf über 100.000 anstieg. Das weltweit wichtigste Medienereignis war die erste Mondlandung am 21. Juli 1969. 600 Millionen Menschen saßen vor den Fernsehern, als der Amerikaner Neil Armstrong als erster Mensch seinen Fuß auf den Mond setzte.

„Wir haben auf sie hinuntergepinkelt."
„Iiiiii!", ruft Lena und verzieht das Gesicht.
Papa zieht die Schultern hoch. „Tja, damals herrschten eben raue Sitten."

Farbige Bilder

„Hattet ihr denn keinen Fernseher, als du klein warst?", fragt Alexander seinen Vater. Er nickt. „Doch, aber der war noch ganz anders als die Fernseher heute."
„Wie anders?"
„Unser erster Fernseher übertrug nur schwarzweiße Bilder und es gab auch nur drei Programme."
Alexander schaut entsetzt – nur drei Programme!
Papa erzählt weiter: „Aber das war egal, denn nachmittags lief der Fernseher bei uns sowieso nicht. Und abends durfte ich nicht schauen. Höchstens am Samstag, wenn *Der große Preis* oder *Am laufenden Band* oder eine andere Rate-Show kam."
„So war es bei uns auch", sagt Mama. „Meine

Lieblingsserien waren *Biene Maja* und *Heidi* und natürlich die *Sendung mit der Maus.*"
„Gab's die damals schon?", fragt Alexander.
„Die gibt's, seit ich denken kann", antwortet Mama.
„Das ist eine tolle Sendung", sagt Opa Werner. „Die schau ich sogar als Erwachsener gern."
„Fast so gern wie Fußball", sagt Mama und lacht dabei. „Die *Sportschau* am Samstag war dir heilig, da hatten wir keine Chance. Als ich etwas älter war, hätte ich samstags gern die *Hitparade* gesehen, aber bei uns lief natürlich immer die *Sportschau*."
„Wegen der Fußballübertragungen haben wir auch unseren ersten Farbfernseher gekauft", fügt Oma hinzu.
Opa Werner hebt entschuldigend die Hände. „Ja, ja, ich weiß, es war schlimm mit mir. Aber 1974 war die Weltmeisterschaft in Deutschland. Beckenbauer, Overath, Hoeneß, Müller und all die anderen Nationalspieler auf einem großen Bildschirm in Farbe sehen zu können, das musste einfach sein. Das verstehst du doch." Er guckt seine Frau verschmitzt lächelnd an. „Aber wenn kein Fußball kam, blieb der Fernseher oft aus und wir haben miteinander gespielt!", verteidigt er sich.
„Ihr redet die ganze Zeit vom Spielen!", ruft Lena laut dazwischen. „Ich möchte jetzt auch endlich etwas spielen!"

Oma steht auf und holt die alte Spielesammlung aus dem Schrank. Sie entscheiden sich für *Mensch-ärgere-dich-nicht.* Alexander spielt auch mit, aber nur, damit er sich nicht langweilt.

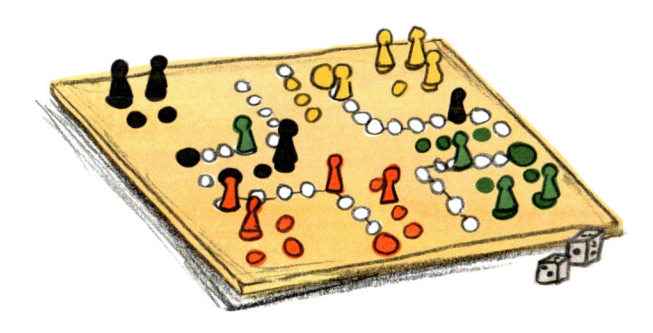

Doch bald ist auch er mit Feuereifer bei der Sache. Als er Papas letzten Kegel zwei Felder vor dem Ziel vom Feld schmeißt, jubelt er und hat das Fernsehen völlig vergessen.

Mach mit – frag nach!

Welche Fernsehsendungen schaust du gern an? Gab es diese Sendung schon, als deine Eltern Kinder waren?

Urlaubserinnerungen

Heute haben die Ferien angefangen. Bei Familie Berger geht's drunter und drüber, weil Papa und die Kinder ihre Sachen wieder nicht rechtzeitig für die geplante Urlaubsreise zusammengesucht haben. Jetzt fehlt dies und jenes und alle fragen Mama. Sie hat zwar schon vor zwei Wochen angefangen, Kleiderstapel zurechtzulegen, nun passen aber nicht alle in ihren Koffer. Also muss sie entscheiden, was sie zu Hause lassen kann und das fällt ihr sehr schwer. Deswegen kann sie sich nicht auch noch um die Sachen der anderen kümmern.

„Mama, wo ist mein Kuschelhase?", ruft Lena. „Ohne den kann ich nicht einschlafen!"
„Dann musst du ihn suchen!"
„Hab ich schon, ich find ihn aber nicht!"
„Ich hab jetzt keine Zeit!"
So geht es den ganzen Tag.
Gegen Abend kommen Oma Lisbeth und Opa Werner vorbei, um sich von der Familie zu verabschieden. Obwohl die Koffer noch nicht gepackt sind, setzen sich alle um den runden Tisch im Wohnzimmer, um noch ein wenig zu plaudern.
„Seid ihr schon aufgeregt?", fragt Oma ihre Enkel.
„Und wie!", antwortet Lena.

„Jetzt bist du gerade acht Jahre alt und fliegst schon nach Mallorca", sagt Opa. „Ich bin zum ersten Mal geflogen, da war ich ... lass mich mal überlegen ... da war ich schon über fünfzig."

„Warst du vorher nie im Urlaub?"

„Doch, aber nicht in deinem Alter und nicht mit dem Flugzeug", antwortet Opa. „Wir hatten zwar Schulferien, aber die verbrachten wir zu Hause. Bei unserem ersten Urlaub waren wir schon erwachsen. Ratet mal, wo wir da waren!"

„Auf Mallorca!", ruft Lena.

„Quatsch!", sagt Alexander. „Opa hat doch gerade gesagt, dass er erst mit fünfzig geflogen ist. Dann können sie auch nicht auf Mallorca gewesen sein."

„Damals sind nur wenige Leute nach Mallorca geflogen, Flugreisen haben nämlich sehr viel Geld gekostet", erklärt Opa Werner. „Wir hatten einen alten VW-Käfer. Mit dem sind wir an den Staffelsee gefahren. Der liegt südlich von München. Was meint ihr, wo wir übernachtet haben?"

„Im Hotel", vermutet Lena.

Opa Werner schüttelt den Kopf. „Das wäre für uns viel zu teuer gewesen. Wir haben auf einem Campingplatz gezeltet."

1957

Flugreisen

Der Traum vom Fliegen ist so alt wie die Menschheit. Dennoch ist das Flugzeug als Verkehrsmittel noch sehr jung. Flugzeuge, die Passagiere transportieren, gibt es erst seit knapp 100 Jahren, und Flugreisen waren zunächst sehr teuer. In den 1990er Jahren wurden Flugtickets dann immer billiger, sodass das Flugzeug zu einem Massenverkehrsmittel werden konnte. Deshalb fliegen heute so viele Menschen mit dem Flugzeug in den Urlaub.

1975

Einfach Urlaub

„Das weiß ich noch gut", erzählt Oma Lisbeth weiter. „Wir haben auf zwei Luftmatratzen geschlafen und jeden Morgen haben uns die Knochen wehgetan. Dann sind wir eine Runde im See geschwommen und alles war wieder gut. Gekocht haben wir auf einem Spirituskocher, meistens aus Dosen ..."

„Meistens Ravioli", ergänzt Opa schmunzelnd. „Das war günstig und einfach zu kochen. Das hast sogar du fertiggebracht", gibt Oma lächelnd zurück.

„Na, na, na!", wehrt er sich.

„Mit dem, was man heute im Urlaub geboten bekommt, ist das natürlich nicht zu vergleichen", sagt Oma. „Aber für uns war die Woche am Staffelsee trotzdem etwas Besonderes. Faulenzen, schwimmen, essen, einfach in den Tag hinein leben und das in einer schönen Landschaft mit den Bergen im Hintergrund, das war herrlich!"

„So haben wir einige Jahre unseren Urlaub verbracht ..."

„Mein erster Urlaub mit euch war auch mit dem Zelt", sagt Mama. „Das hat mir zwar gefallen, aber noch schöner als das Zelten fand ich später die Ferien am Mittelmeer. Mit den tollen Wellen! Das war etwas ganz anderes als das Geplätscher eines Sees. Und in den italienischen Hotels wurden wir beim Essen bedient wie die Fürsten. Das hatte ich bis dahin noch nie erlebt. Da gab es viele leckere Sachen, die ich gar nicht kannte."

„Mir hätte ein See genügt", sagt Papa. „Aber wir sind nie in den Urlaub gefahren, weil man nicht weg kann, wenn man einen Bauernhof hat. Meine erste Urlaubsreise habe ich mit dem Fahrrad unternommen; da war ich fünfzehn. Mit ein paar Freunden habe ich am Steinertsee gezeltet. Der lag sozusagen gleich um die Ecke, aber wir waren wenigstens mal ein paar Tage von zu Hause weg."

„Ihr habt alle gezeltet, als ihr jung wart", stellt Alexander fest. „Ich möchte auch mal zelten!"

„Das kannst du gern tun – aber nicht mit mir im Urlaub!", erwidert Mama. „Auf Luftmatratzen oder Klappbetten kann ich nicht schlafen und zum Kochen habe ich im Urlaub auch keine Lust! Wenn ich Ferien habe, möchte ich mich mal verwöhnen lassen, sonst ist es für mich keine Erholung."

Papa nickt. „Das hast du auch verdient und deswegen haben wir ein schönes Hotel gebucht, mit allem, was dazugehört: *All inclusive*."

Mama lächelt. „Darauf freu ich mich schon", sagt sie.

„Ich auch!", rufen Lena und Alexander.

Mach mit – frag nach!

Wohin haben deine Großeltern ihre erste Urlaubsreise unternommen? Wo haben deine Eltern als Kinder ihre Ferien verbracht?

So viel Werbung

Am Ende der Sommerferien ist Lena am Nachmittag bei ihren Großeltern. Sie erzählt vom Urlaub auf Mallorca, doch Opa Werner schaut im Fernseher ein Tennismatch an und hört nur mit halbem Ohr zu. Lena spielt zwar gern Tennis, aber im Fernsehen findet sie die Spiele langweilig.
„Schon wieder Werbung!", sagt Oma.
Opa stört das nicht, aber Oma hat langsam genug davon, dass die Übertragung andauernd unterbrochen wird. „Lena und ich fahren jetzt zum Einkaufen und ins Museum. Dann kannst du ungestört Tennis gucken – und Werbung."
„Warum gibt's denn so viel Werbung?", fragt Lena auf dem Weg zum Supermarkt.
„Damit die Leute bestimmte Sachen kaufen", antwortet Oma. „Und weil es heute so viele Produkte zu kaufen gibt, gibt's auch viel mehr Werbung als früher. In meiner Kindheit war es für die Leute das Wichtigste, jeden Tag satt zu werden und ein Dach über dem Kopf zu haben. Dafür war keine Werbung nötig. Erst später, als man sich auch mal etwas leisten konnte, was man nicht unbedingt zum Leben brauchte, fingen die Firmen an, für ihre Produkte zu werben. Mit der Zeit ist das immer mehr geworden. Anfangs gab es im Fernsehen nur ein paar Minuten Werbung vor acht Uhr, heute läuft andauernd Werbung, Tag und Nacht."
„Das ist doof", meint Lena.
„Find ich auch", stimmt Oma Lisbeth ihr zu.

Was darf's denn sein?

Nach dem Einkaufen fahren Oma und Lena zum Heimatmuseum. Dort ist in einem Raum ein Kaufladen aus den 1950er Jahren nachgebaut. „In so einem Laden habe ich früher eingekauft", erzählt Oma. „Da gab's natürlich längst nicht so viele Waren wie im Supermarkt und es herrschte auch keine Selbstbedienung. Hinter der Theke stand die Verkäuferin Hedwig, die alle beim Vornamen nannten. Sie hat die Waren aus den Regalen und Schubladen geholt. Auf so einer Waage hat sie die Sachen abgewogen und auf einem Zettel ausgerechnet, was man bezahlen musste. Bei Hedwig konnte man auch anschreiben lassen ..."

Tante-Emma-Laden

Kakao, Zucker, Kaffee, viele Gewürze und andere Lebensmittel, die für uns heute selbstverständlich sind, gab es früher nicht immer und überall zu kaufen. Denn diese Waren kamen aus fernen Ländern. Man nannte sie „Kolonialwaren". Da es noch kein Transportsystem gab, wie wir es heute kennen, konnten diese Waren nur sehr schwer nach Deutschland transportiert werden und waren deshalb teuer. Diese Produkte kaufte man in Kolonialwarengeschäften oder den sogenannten „Tante-Emma-Läden". Seit den 1970er Jahren wurden diese Läden mehr und mehr von modernen Supermärkten abgelöst.

Beim Einkaufen

1953

„Anschreiben?", fragt Lena. „Was ist das?" „Wenn jemand mal kein Geld hatte, aber trotzdem Lebensmittel brauchte, hat Hedwig das aufgeschrieben. Man hat dann die angeschriebene Summe bezahlt, als man wieder Lohn bekam", erklärt Oma.

„Das war aber sehr nett von ihr", sagt Lena. Oma nickt. „Sie war wirklich nett. Jedem Kind, das bei ihr einkaufte, hat sie ein Bonbon aus einem großen Glas geschenkt." „Bei Hedwig hätte ich auch gern eingekauft", findet Lena. Oma lächelt. „Und du hättest

fast alles bei ihr bekommen, was man zum Leben braucht, obwohl ihr Laden nicht viel größer war als dieser hier."
„Spielen wir einkaufen?", fragt Lena. „Du bist die Hedwig, ich kaufe bei dir ein."
Oma Lisbeth stellt sich hinter die Theke, Lena geht zur Tür und kommt noch mal herein. „Guten Tag, Hedwig", grüßt sie.
„Guten Tag, Lena", grüßt Oma zurück. „Was darf's denn sein?"
Lena zieht einen gedachten Zettel aus der Tasche, schaut drauf und antwortet: „Ich brauche ein Brot, Butter und Nutella."
Oma Lisbeth greift hinter sich, nimmt das Brot, das ziemlich echt aussieht, aus dem Regal, holt ein Päckchen Butter aus der Glasvitrine und sagt: „Nutella führen wir leider nicht."
„Schade." Lena überlegt kurz. „Dann nehme ich eben Honig."
Oma stellt noch ein Glas Honig auf den Ladentisch, nimmt einen Bleistift, schreibt ein paar Zahlen untereinander und zählt zusammen. „Macht fünf Euro."

Lena tut so, als hole sie das Geld aus der Tasche und schiebt es über den Tisch. Oma nimmt es und legt es in die Kasse. Dann packt sie die Waren in eine Papiertüte und reicht sie Lena. Die verlässt den Laden jedoch nicht, sondern bleibt stehen und schaut ihre Oma eigenartig an.
„Fehlt noch etwas?", fragt Oma.
„Das Bonbon!", platzt Lena heraus und muss nun lachen.
Oma Lisbeth schlägt sich mit der flachen Hand auf die Stirn. „Natürlich! Wie habe ich das vergessen können!"

Mach mit – frag nach!

Was ist dein Lieblingsgericht? Was kann Oma besonders gut kochen? Sind das Speisen, die es auch früher schon gab?

Neue Nachbarn

Am ersten Sonntag im Oktober scheint die Sonne fast wie im Sommer. Familie Berger nutzt den schönen Tag, um noch einmal im Garten zu grillen. Dazu haben sie Oma Lisbeth und Opa Werner eingeladen.
„Vielleicht ist es das letzte Mal in diesem Jahr, dass wir draußen sitzen können", meint Mama. „Das Wetter soll nächste Woche schlechter werden."

„Umso schöner, dass wir heute noch die Sonne genießen", sagt Oma Lisbeth.
Papa ist der Grillmeister, wie Mama ihn nennt. Er kümmert sich um das Fleisch und die Würste, Mama um die Salate. Opa spielt mit Lena und Alexander abwechselnd Federball, bis der Grillmeister zum Essen ruft. Alexander kommt sofort angelaufen, bleibt vor dem Grill stehen und zeigt auf eine Wurst. „Die möchte ich!"
„Zu Befehl, mein Sohn!", sagt Papa und legt die Hand wie ein Soldat an die Stirn.
Oma schüttelt lächelnd den Kopf. „Früher mussten die Söhne den Vätern gehorchen, heute ist es anscheinend umgekehrt."
„Tja, so ändern sich die Zeiten", sagt Papa und seufzt, als habe er es sehr schwer. Mama knufft ihn liebevoll in die Seite.
Während sie essen, fragt Oma: „Wer wohnt eigentlich jetzt in dem Haus nebenan?"
„Ein Mann und eine Frau", antwortet Mama.
Oma schaut verwundert. „Wie – ein Mann und eine Frau?"

„Mehr wisst ihr nicht von ihnen? Ja, haben die sich denn nicht vorgestellt?", fragt nun Opa Werner.
„Bisher nicht", antwortet Papa.
„Also, das hätte es früher nicht gegeben", sagt Opa. „Als wir in unsere erste gemeinsame Wohnung gezogen sind, haben wir alle Nachbarn zu einem kleinen Fest eingeladen, damit man sich kennenlernt. Wollt ihr nicht wissen, wer eure Nachbarn sind?"
„Das schon", sagt Papa. „Aber zu viel Nähe muss auch nicht sein. Ich erinnere mich noch gut, wie das bei uns zu Hause war. Wir hatten einen Nachbarn, der hat uns in der Erntezeit öfter geholfen, und dann saß er dauernd bei uns in der Stube, als ob er zur Familie gehöre."
„Na ja, das gab's natürlich", sagt Oma Lisbeth. „Aber jedenfalls haben die Leute früher nicht einfach nebeneinanderher gelebt, sondern sich umeinander gekümmert und sich gegenseitig geholfen."

Hilfe im Alter

Früher wohnten die Menschen oft in Großfamilien gemeinsam in einem großen Haus. Häufig lebten drei oder sogar vier Generationen unter einem Dach. Die Großeltern und Urgroßeltern hüteten die Kinder und halfen in Haus und Hof mit, so lange sie konnten. Wenn ihre Kräfte nachließen, wenn sie krank und gebrechlich wurden, betreute ihre Familie sie selbstverständlich.
Heute leben die Menschen meist in Kleinfamilien zusammen. Oft wohnen die Großeltern nicht mehr in der Nähe, sodass die Pflege im Alter nicht immer von Familienmitgliedern übernommen werden kann.
Dafür gibt es nun Pflegedienste und Nachbarschaftshilfe. Hier kümmern sich Nachbarn in ihrer Freizeit um ältere Mitbürger. Es wurden auch Alten- und Pflegeheime geschaffen, in denen alte und kranke Menschen rundum betreut werden.

Nachbarschaftshilfe

Viele Helfer

„Wir hätten unser Häuschen 1967 ohne die Hilfe von Freunden, Bekannten und Nachbarn nicht bauen können" erzählt Opa Werner. „Nach Feierabend und vor allem an den Samstagen waren manchmal zehn Helfer auf der Baustelle. Und wenn jemand von ihnen dann später gebaut oder umgebaut hat, haben wir ihnen natürlich auch geholfen. Anders wären die meisten Leute gar nicht zu einem eigenen Haus gekommen."

„Nicht nur das", erzählt Oma weiter. „Man war sich auch sonst behilflich. Wenn ich mal schnell etwas ohne Kinder erledigen musste, habe ich die Mädchen einfach zu einer Nachbarin gebracht. Und umgekehrt genauso."

„Das weiß ich noch", erinnert sich Mama. „Gleich neben uns haben die Schielkes gewohnt, bei denen war ich oft. Oma Schielke war schon sehr alt."

„Aber sie war bestimmt nicht älter als ich heute", wirft Oma ein.
„Du bist doch nicht alt!", sagt Lena.
„Danke!" Oma lächelt. „Ich fühle mich auch nicht alt. Früher waren die meisten Leute in meinem Alter nicht mehr so fit, wie wir das heute sind. Sie haben auch durch ihre Frisuren und die Kleidung älter ausgesehen."
„Ja, Oma Schielke hatte ihre Haare zu einem Dutt gebunden und sie trug immer dunkle Kleider mit einer Schürze", nimmt Mama ihren Gedanken wieder auf. „Sie hat uns oft Geschichten erzählt, in denen Prinzessinnen, Prinzen, Hexen und Zwerge vorkamen. Manchmal haben wir uns ein bisschen gegruselt, aber das war schön. Sie hatte eine wunderbare Stimme und ich frage mich bis heute, ob sie die Geschichten irgendwo gelesen oder selbst erfunden hat."

„Ja, bei Oma Schielke wart ihr gut aufgehoben", sagt Oma Lisbeth. „Und bei den meisten anderen Nachbarn auch."
„Das ist heute leider anders", sagt Opa. „Heute kümmern sich die Leute kaum noch um andere."
„Na ja, ganz so würde ich das nicht sagen", entgegnet Mama. „Die Beckers auf der anderen Straßenseite sind sehr nett …"
„Ja, und sie haben einen Hund, der ist total süß", redet Lena dazwischen. „Mit dem darf ich spazieren gehen, wenn ich will."
„Es gibt eben solche und solche", sagt Papa. „Und noch wissen wir ja gar nicht, wie unsere neuen Nachbarn sind. Warten wir einfach ab."

Mach mit – frag nach!

Wo wohnen deine Großeltern?
Frag deine Großeltern, wer alles in dem Haus gewohnt hat, in dem sie aufgewachsen sind.

Unser Weihnachtsbaum

Eine Woche vor Weihnachten zieht der wunderbare Duft von frisch gebackenen Plätzchen durchs Haus. Als Alexander in die Küche kommt, sieht er Mama am Backofen stehen und Lena am Tisch sitzen. Beide sind so beschäftigt, dass sie ihn nicht bemerken. Da greift er in die Schüssel mit den Plätzchen und schnappt sich eines.

„He!", ruft Lena. „Die dürfen wir noch nicht essen!"

„Zu spät", sagt Alexander grinsend.
„Die sind doch für Weihnachten!"
„Aber jetzt schmecken sie auch schon", erwidert Alexander und will sich noch eines nehmen.

Doch Mama klopft ihm auf die Finger. „Du kleines Schleckermaul", sagt sie – und gibt ihm trotzdem noch ein Plätzchen. „Aber dann ist Schluss!"

„Mama, ich war bei Tobi. Die haben schon einen Weihnachtsbaum. Wann kauft Papa unseren?", fragt Alexander.

„Gar nicht."

„Hä?", macht Alexander überrascht. „Wieso gar nicht?"

Jetzt grinsen Mama und Lena.

„Was ist los?", will Alexander wissen.

„Nachher fahren wir mit Opa in den Wald und holen einen Baum!", platzt es aus Lena heraus.

„Klauen?", fragt Alexander.

Lena tippt sich an die Stirn. „Wir klauen doch nicht!"

„Opa hat einen Freund, der einen Wald mit jungen Fichten hat", erklärt Mama nun. „Dort dürft ihr einen Baum für uns aussuchen."
„Eh, das ist cool!", sagt Alexander.
Eine Stunde später fahren sie mit Opa Werner zu dem nahe gelegenen Waldstück. Bei so vielen Bäumen ist es gar nicht so einfach, einen zu finden, der allen gefällt. Manche Bäume sind zu groß, andere zu klein oder krumm gewachsen. Während Mama, Lena und Alexander alle Bäume genau prüfen, hat Opa für Oma und sich schon einen passenden Baum abgesägt und in den Anhänger gelegt.

1982

Weihnachtsbäume

Zum Weihnachtsfest findet man wohl in allen Familien einen schön geschmückten Tannenbaum.
Schon seit mehr als 500 Jahren stellen Menschen zum Heiligen Abend einen Weihnachtsbaum in ihre Wohnungen.
Der grüne Baum soll in der dunklen Winterzeit Hoffnung auf neues Leben ausdrücken.
Anfangs waren die Bäume nur wenig geschmückt; man hängte hauptsächlich Obst, Plätzchen oder kleine Schnitzereien aus Holz in die Zweige.
Erst später kamen Kerzen, Lametta, Glaskugeln und anderer bunter Schmuck dazu.

Als die drei endlich einen schönen Baum entdeckt haben, möchte Alexander ihn absägen. Opa gibt ihm die Säge und Alexander geht auf die Knie und sägt.
„Lass mich auch mal!", sagt Lena.
„Nein, ich bin doch gleich durch."
„Es ist auch mein Baum!"
„Da hat sie Recht", sagt Opa. „Also gib ihr bitte die Säge."
Lena sägt das letzte Stückchen durch und strahlt.

2013

Eine schöne Erinnerung

Zu Hause stellt Mama den Baum in einen Eimer Wasser, damit er möglichst lange frisch bleibt und die Nadeln nicht so schnell verliert. Dann gehen sie in die Küche.
Opa schnuppert. „Mhm", macht er, „hier duftet es ja köstlich."
„Mama und ich haben Plätzchen gebacken", sagt Lena.
Opa lächelt. „Deswegen riecht es hier schon ein bisschen nach Weihnachten."
„Ich freu mich schon so!", sagt Lena. „Und ich bin gespannt, was ich für Geschenke bekomme."
„Auf Weihnachten haben wir uns als Kinder auch immer gefreut, mehr als auf alles andere", beginnt Opa zu erzählen. „Nicht nur wegen der Geschenke. Meine Mutter hat jedes Jahr einen Weihnachtsbaum besorgt und ihn mit selbst gebastelten Sternen, Holzfiguren, ein paar funkelnden Glaskugeln, Lametta und einem silbernen Engel schön geschmückt. Am Baum brannten echte Wachskerzen. In den Wochen vor Weihnachten erzählte Mutter uns oft Geschichten von Jesus, vom Nikolaus und vom Christkind. Am Heiligen Abend durften wir den ganzen Tag über nicht in die Stube, damit das Christkind die Geschenke unter den Baum legen konnte."
Alexander hebt den Kopf. „Das Christkind bringt ..."
„Genau", unterbricht ihn Opa, „das Christkind bringt die Geschenke. Und dabei möchte es nicht gestört werden. Deswegen durften wir

die Stube eben nicht betreten, obwohl wir es vor Neugier kaum ausgehalten haben." Alexander will noch etwas sagen, aber Mama legt einen Finger auf den Mund und gibt ihm ein Plätzchen.

„Vor der Bescherung sind wir in die Kirche gegangen", erzählt Opa Werner weiter. „Neben dem Altar stand eine große Krippe, die von Kerzen beleuchtet wurde. Der Pfarrer hat die Weihnachtsgeschichte vorgelesen und die Leute haben gesungen. Das hat mir am besten gefallen, weil es so laut war und in der hohen Kirche so schön geklungen hat. Nach dem Gottesdienst konnten wir es kaum erwarten, nach Hause zu kommen. Dort mussten wir Kinder in der Küche warten. Unsere Mutter ist in die Stube gegangen und hat wenig später mit ihrer schönen Stimme *Ihr Kinderlein kommet* gesungen. Mit klopfendem Herzen haben wir dann die Stube betreten. In der Ecke stand der leuchtende Baum, daneben saß unsere singende Mutter. Bis heute habe ich dieses Bild nicht vergessen."

Mach mit – frag nach!

Wie haben deine Großeltern Weihnachten gefeiert? Haben sie Geschenke bekommen? Was gab es zu essen? Wie war der Weihnachtsbaum geschmückt?

FRÜHER

Wer hätte das gedacht?

MANFRED MAI

Manfred Mai ist in Winterlingen aufgewachsen, einem Albdorf auf halber Strecke zwischen Stuttgart und dem Bodensee. Seine Großeltern mütterlicherseits hatten einen Bauernhof, den die ganze Familie gemeinsam bewirtschaftete.

Als die Großmutter unheilbar an Krebs erkrankte, wurde ein Fotograf bestellt, der sie noch einmal im Kreis ihrer Familie fotografieren sollte. Bei dieser Gelegenheit entstand das erste Foto vom kleinen Manfred.

1950

Auf dem Bauernhof gab es vom Frühjahr bis zum Herbst immer viel zu tun. Auch Manfred musste schon als kleiner Junge mithelfen. Dabei fiel ihm gerade der Umgang mit Tieren sehr schwer. Vor den kleinsten, den Mäusen und Ratten, ekelte er sich; vor den größeren, den Pferden und Kühen, hatte er Angst. Doch das konnte er niemandem sagen, ohne ausgelacht zu werden. Deshalb schwieg er lieber.

Einschulung

Mit sechs Jahren kam er in die Schule. Damals waren die Lehrer noch sehr streng. Kinder bekamen Backpfeifen, Tatzen und die Jungen auch Schläge mit dem Rohrstock auf den Hintern. Die Angst vor solchen Bestrafungen lähmte Manfred. Er traute sich kaum, eine Antwort zu geben, weil er fürchtete, sie könnte falsch sein. Deshalb stand in seinem ersten Zeugnis auch: „Manfred gibt sich Mühe, dürfte aber manchmal etwas flinker sein."
Manfred tat sich in der Schule schwer. Als die Schulzeit überstanden war, wusste er eines ganz genau: Er wollte einen Beruf, bei dem man möglichst wenig lesen und schreiben musste.

Am wohlsten fühlte Manfred sich bei seinen Freunden. Wenn sie Hütten bauten, Höhlen erforschten oder Streiche ausheckten, war er mittendrin. Auch beim Fußballspielen lachte ihn keiner aus und niemand sagte, er sei zu langsam. Besonders glücklich war er immer, wenn er ein wichtiges Tor erzielte und seine Mitspieler ihn vor lauter Freude beinahe erdrückten.

Fußball spielt Manfred Mai auch heute noch und es macht ihm nach wie vor Freude. Doch sonst hat sich seit damals sehr viel geändert. Aus dem Jungen, der möglichst wenig lesen und schreiben wollte, ist ein Mann geworden, dessen Hauptbeschäftigung das Lesen und Schreiben ist. Wenn er Kindern nicht aus seinen Büchern vorliest, schreibt er neue Geschichten für sie. Und manchmal erzählt er ihnen darin, wie es früher war.

Bildnachweis:
o = oben, u = unten, l = links, r = rechts, M = Mitmachheft
akg-images, Berlin: 11l.
Ford: 19l., M8
Fotolia: Jan Engel (Klebestreifen); digitalmagus (Fotorahmen); Michael Rogner (23, M11); Jan Schuler (35l.); Birgit Reitz-Hofmann (35r., M16); Irina Fischer (39u., M18); scis65 (43o., M21); 312010 (43u., M20); kanate (43, M20f., Schilder); st-fotograf (47u.); Reinhold Einsiedler (67o.); Marianne Mayer (67u., M31); photallery (M26)
Gettyimages: George Marks (39o.)
iStock: Imageegaml (63, M29)
Manfred Mai: 70r., 71
Photocase: Marquis de Valmont (51, M25)
Michael Setz: 70l.
ullstein bild, Berlin: ullstein bild, Berlin|Schmidt (19r.); ullstein bild, Berlin|ullstein bild (55o.)
Wikimedia Commons:
Bundesarchiv, B 145 Bild-F062906-0016 / Schaack, Lothar / CC-BY-SA 3.0 (11r., M5); Bundesarchiv, Bild 183-T00606 / CC-BY-SA 3.0 (15o.); Bundesarchiv, Bild 183-48245-0002 / CC-BY-SA 3.0 (15u., M6); Schularchiv Luitpold-Gymnasium Wasserburg am Inn (27o.,M13); Peter Forster/cc by sa 2.0, Bundesarchiv (27u., M12); Bild 183-15167-0003 / CC-BY-SA 3.0 (31, M14); Bundesarchiv, Bild 183-P080-422 / Bartocha, Benno / CC-BY-SA 3.0 (55u., M27); Deutsche Fotothek / cc by sa 3.0 (59, M28)

Bibliografische Information der Deutschen Nationalbibliothek

Die Deutsche Nationalbibliothek verzeichnet diese Publikation in der Deutschen Nationalbibliografie. Detaillierte bibliografische Daten sind im Internet über **http://dnb.d-nb.de** abrufbar.

3 2 1   15 14 13
© 2013 Ravensburger Buchverlag Otto Maier GmbH, Postfach 1860, 88188 Ravensburg
Alle Rechte, auch die des auszugsweisen Nachdrucks, der fotomechanischen Wiedergabe und der Übersetzung, vorbehalten.
Text: Manfred Mai
Illustration: Iris Wolfermann
Gestaltung und Satz: Eva Drewniok
Redaktion: Franziska Kunze
Printed in Germany
ISBN 978-3-473-55360-0
www.ravensburger.de